麻衣子さんと学ぶ正しい家計管理

林 總
Atsumu Hayashi

すみれ書房

麻衣子さんと学ぶ正しい家計管理

もくじ

プロローグ 4

第1講 見るべき数字は別にあるんだ——財産目録を作る 31

コラム① 財産目録を作ろう 51

第2講 君は何歳まで生きるつもりかね？——生涯収支を出す 53

コラム② 何歳まで働く？ 68

第3講 君の夢を教えてほしい——価値観を予算に反映する 69

コラム③ やりたいことを真剣に考える 86

第4講 預金は義務なんだよ——ふたつのリスクに備える 89

コラム④ 先に貯めよう 100

第5講 いちばん高コストなのは時間なんだ——時間、モノ、空間の無駄を意識する 101

コラム⑤ 無駄を取り除く 115

第6講 そろそろ作業を始めよう——4つの表を作る 117
コラム⑥ スケジュール確保 138
第7講 きっぱりやめようじゃないか——管理不能支出にメスを入れる 139
コラム⑦ きっぱり「やめる」例 168
第8講 努力は必要ない。仕組みを作るだけ——予算を守れる管理法 171
コラム⑧ 上限を超えない仕組み 189
エピローグ 192
おわりに 213
巻末付録 石丸先生の表 217

*本書は2011年に文藝春秋から発売された『貯まる生活』を大幅に改稿したものです。本文中の新幹線の時刻、税率、保険料等は、2025年2月時点の情報です。

執筆協力——山崎潤子
DTP——つむらともこ
校正——円水社
イラストレーション——清家正悟
ブックデザイン——albireo

プロローグ

東京駅、午前10時25分。

のぞみ25号のグリーン車の座席は、想像していたよりずっと広々としていて、座り心地がよかった。麻衣子は大きく深呼吸して、目をとじた。

ひとりで列車に乗って遠出をするなんて、結婚以来なかったことだ。

久しぶりに自由になれた気分だった。

独身時代、ローカル線に乗って日本中を旅してまわった。

春は奈良、夏は北海道、秋は京都、そして冬は青森と秋田……。ひなびた温泉宿を探して泊まり、郷土料理を食べた。楽しかった旅の思い出が、麻衣子の記憶に刻まれている。

（思えば、あのころがいちばん楽しかったなあ……）

まだなんの不安も心配ごともなく、人生を満喫していたそのころ、麻衣子は佐伯航平と知り合い、恋に落ちた。

麻衣子は山口県下関市の出身だ。高校卒業後、東京の美大に進み、グラフィックデザイナーとしてデザイン会社に就職した。

大手電機メーカーに勤める航平とは、友人の紹介で出会った。航平はとにかく明るくて、彼のまわりはいつも笑いが絶えなかった。だれに対しても公平で面倒見がよく、仕事について熱く語る姿を見て、「この人とならいっしょに人生を歩んでいけそう」と確信した。

1年の交際期間を経て、ふたりは結婚した。

しかし、実際の結婚生活は、思い描いていたものとは違っていた。

航平の明るさややさしさが変わったわけではないが、共同生活をしていれば、生活習慣の違いや意見の対立も出てくる。特に子どもが生まれてからは、小さなケンカが増えた。「理想の結婚相手」だと思い込んでいた航平に、幻滅する場面が増えていった。

（でもやっぱり、つまるところはお金だよなあ……）

航平の給料は、麻衣子が想像していたよりずっと少なかった。

40歳になる航平の年収は700万円。平均から見れば悪くはないのかもしれないが、月給は額面で約46万円、そこから税金、保険料などが差し引かれて、手取りは35万円ほどだ。夏冬のボーナスを合わせても、年間の手取りは540万円程度なのだ。

それでも、子どもが生まれるまでの2年間は麻衣子もフルタイムで働いていたから、家計には余裕があった。しかし、麻衣子が妊娠・出産で仕事を辞めてからというもの、毎月ギリギリで、収支がマイナスになることも多い。

（仕事、辞めなきゃよかったのかな……）

数年前から友人の手伝いで少しずつデザインの仕事を再開しているが、扶養内の収入だから微々たるものだ。月に4万円ほどの稼ぎは、娘の習い事でほぼ消えてしまう。

家計のために仕事量を増やしたいとは思っているが、小学3年生の七海はまだ手がかかるし、家事と子育てのすべてを担っているため、仕事にあてる時間をこれ以上捻出するのはむずかしい。

「頭金1000万円」の無心

発車時刻が近づくにつれて乗客が増え始め、あっというまにグリーン車はほぼ満席になった。だが、麻衣子のとなりは空席のままだった。

そのとき、バッグの中のスマートフォンが振動した。夫の航平からだった。

「ちょっと待って」

麻衣子は車内に入ってくる客をかき分けるようにしながらデッキに出た。


「どうしたの?」

麻衣子は聞いた。

「グリーン車はどう? やっぱり快適?」

「……」

「申し訳ないけど、頭金のこと、よろしく頼む」

「でも、やっぱり1000万円なんて……」

航平が突然「マンションを買おう」と言い出したとき、麻衣子は冗談かと思った。

「めったにない掘り出し物なんだよ。ただ今月末までに頭金を振り込まないと、仮契約が流れてしまうそうなんだ」

航平が「掘り出し物」と言うのは東京都江戸川区の新築マンションで、今の収入では高嶺の花だ。

「ちょっと、そんなお金、どこにあるっていうの？」

麻衣子はめずらしく声を荒らげた。

しかし、航平は平気な顔でこう言った。

「大丈夫、大丈夫。日富《にちとみ》電機勤務で勤続17年なら、まちがいなくローンは通るそうなんだ。頭金さえなんとかなれば、月々の返済額は今のマンションの家賃とさほど変わらないよ」

「でも、うちには頭金なんてないじゃない」


今住んでいる埼玉県春日部市のマンションの家賃は12万円。「毎月家賃を払うくらいなら、家を買ってローン返済にあてたい」とは麻衣子もうすうす感じていた。しかし都内のマンションは高すぎて、頭金なしにローンを組むのはむずかしいだろう。すると、航平は意外なことを口にした。

「君の実家のほうで、なんとかならないかな。１０００万円でいいから。残りのローンは

「オレががんばって働いて返す。だから、せめて頭金だけでもなんとかなればと思って」

その言い方に麻衣子は抵抗を覚えた。

航平は自分の実家から借りるとは言わない。自分の収入でローンを返済するかわりに、麻衣子の実家に頭金を負担させようというのだろうか。私の家事労働の価値を軽んじているんだな、と複雑な気持ちになる。

とはいえ、23区内にマンションを手に入れれば、航平の通勤時間は短くなるし、娘にもよりよい教育を受けさせることができるような気がする。下関の両親に頭金を出してもらえるなら、「遠慮なく泊まりに来てよ」と、ピカピカの新居に招待することもできるだろう……。

その未来を想像して、麻衣子の心は揺らいだ。

「わかった……。頼んでみる」

麻衣子は小さな声で答えて、電話を切った。

謎の紳士と分厚い本

麻衣子が席に戻ると、仕立てのいいジャケットを身につけた恰幅のいい年配の紳士が、さっきまで空いていたとなりの席に腰を下ろしていた。広げられたテーブルには、分厚い本とノートが積まれている。

「窓側ですかな？」

紳士はテーブルとフットレストをもとに戻し、立ち上がった。

「新幹線で感じのいい女性ととなり合わせになることは、奇跡のようなものですよ」

その紳士は、椅子に腰を下ろすと、笑顔で話しかけてきた。

麻衣子もつい、笑顔を返した。

「どこまで行かれるのですか？」

「小倉です」

「それはよかった。ボクは博多です。5時間も黙ったままというのは、いかにも不自然だし、退屈ですからね。見知らぬ人と話をするのも旅の楽しみのひとつでしょう。なのにどうも新幹線に乗る人はクールというか、シャイというか、ひと言も話さない……。ちょっと失礼」

その紳士はジャケットを脱いで荷棚にのせた。

「そうそう、まずは自己紹介しなくてはいけませんな。石丸と言います。あなたは？」

「佐伯麻衣子です」

麻衣子は、つい正直に名乗ってしまった。

いつもなら、知らない人に話しかけられてまともに相手をすることはない。だが、石丸には不思議と警戒心は抱かなかった。

石丸の自然な話し方や身なりのせいだけでなく、テーブルに置かれた分厚い本と、黒表紙のモレスキンのノートが、なぜか麻衣子に安心感を与えたのだ。

「あの……それって、ドラッカーですか？」

「おお、ご存じですか！」

この瞬間から、石丸の口調が変わった。

「名前だけですけど。数年前に夫が昇進したとき、何冊か買い込んできたんです。いまだに、積まれたままですけど」

麻衣子は苦笑いした。

「ご主人は上司からマネジメントを勉強するように言われたのでしょうな。だが、読んでいないとはもったいない。ドラッカーの本といえば、会社経営やマネジメントについて書かれたものだと思われているが、家庭の主婦が読んでも、得ることが多いんですよ」

ドラッカーの本が会社経営について書かれていることは、夫から聞いて知っていた。だが、主婦が読んでもためになる、というのは初耳だ。

「たとえば、私が読んでも役に立ちますか？」

麻衣子は半信半疑で聞き返した。

「もちろん。仕事をしているかしていないか、独身か既婚かは関係ない。家計を預かる立場の人たちすべてに役立つ本、と言っていいだろうね」

「え、本当ですか？」

「まだ疑っているようだね」

石丸は読み込まれてボロボロになった本を手にとり、こう答えた。

「無理もない。ドラッカーは企業の経営者にとっては師匠的存在だが、ふつうの人にとっては遠い存在だろうからね」

「ところで、君はお若いのにグリーン車に乗っている。失礼を承知で言えば、どこか居心地が悪そうにも見える……」

「夫が貯めたポイントを使って普通車の料金でグリーン車に乗っているんです」

「ということは、君の家計にはグリーン車に乗れるほどの余裕はない、ということだね」

ずばり指摘されて、麻衣子は思わず笑ってしまった。

（初対面なのに、なんてずけずけとものを言う人なんだろう。まあ、当たっているけど）

「話をドラッカーに戻そう。ドラッカーの本には家計運営のヒントがつまっているんだが、多くの人は、ドラッカーを別世界の頭のカタい学者だと思い込んでいる。もったいないとしか言いようがない」

「家計のことが書かれたドラッカーの本があるんですか？」

麻衣子は、そんな本があるならぜひ読んでみたいと思った。

「いや、ドラッカーが家計について書いたという話は、寡聞《かぶん》にして知らない」

なんだ、と麻衣子は思った。肩すかしをくらった顔をした麻衣子に石丸は言った。

「家計のことを書いていなくても、お金の使い方の基本は、国も、会社も、家庭もまったく同じなんだ。お金の管理を任されている人は、ドラッカーを読むべきなんだよ」

夫婦のケンカの原因は、つまるところお金、お金、お金……

10時48分、のぞみは新横浜駅を離れた。

麻衣子は外の景色を眺めながら、ひと月ほど前のことを思い浮かべた。

家計はこのところ赤字続きだ。それなのに、夫の航平はこづかいの増額を要求してきた。

「1万円でいいから、こづかいを上げてもらえない?」

会社からの交際費を減らされたというのがその理由だった。

「得意先の担当と出先でランチやお茶をすることもあるし、割り勘ってわけにはいかないんだよ。会社からもうるさく言われるから、接待で自腹を切ることもあるんだ」

航平はもっともらしく言った。

これまで、航平にはできるかぎり配慮してきたつもりだった。月給の手取り35万円のうち、航平のこづかいは6万円だ。さらに年に4回のゴルフに10万円も使っている。年間で考えたら、手取り540万円のうち、82万円を彼個人で使っているのだ。

もちろん航平が佐伯家の大黒柱であることはまちがいないし、仕事へのモチベーションのためにも、楽しみを取り上げたくはない。

だが、これ以上こづかいは増やせない。

「無理。なんとかやりくりしてよ」

麻衣子が拒むと、航平は「なんだよ。オレが稼いだ金なのに……」と不満をもらし、寝室に消えた。そのころから、ふたりのあいだにすきま風が吹き始めたのだ。

「魔法の鏡」を作る仕事

（結局、問題はお金だよね……）

麻衣子がため息をつくと、となりの石丸はスマホで何やら操作している。

ほどなくして、パーサーがカップをふたつ運んできた。

コーヒーのなんとも言えないいい香りがあたりに広がる。石丸は熱いコーヒーが入ったカップを注意して受け取ると、「よろしかったら」と麻衣子に渡した。

「東海道新幹線は車内販売のワゴンがなくなって、風情がなくなりましたな。だがグリーン車なら、モバイルオーダーというものがあるんですよ」

麻衣子があわててお金を払おうとすると、「遠慮は無用。ひとりで飲むのとふたりで飲むのとでは、おいしさが違いますからな」と石丸は笑みを浮かべた。

「ありがとうございます」

麻衣子はていねいに礼を言ってコーヒーを受け取った。


「あの……、石丸さんはどんなお仕事を？」

麻衣子は熱いコーヒーを冷ましながら聞いた。

「ひと言で説明するのはむずかしいが……。簡単に言えば、魔法の鏡を作る仕事かな」

石丸は何食わぬ顔で言った。

「え、魔法の鏡？」

何かの冗談だと麻衣子は思った。だが、当の石丸はいたってまじめだった。

「白雪姫の魔法の鏡は知っているね」

石丸に聞かれて、麻衣子は子どものころに読んだ童話を思い出した。自分が世界でいちばん美しいと信じる王妃（白雪姫の継母《ままはは》）が、あるとき魔法の鏡に「世界でいちばん美しいのはだれ？」と聞いた。すると鏡は「白雪姫です」と答える。王妃は怒りのあまり、猟師に白雪姫を殺してしまえと命じる、という話だ。

「魔法の鏡は、事実をありのままに白雪姫の継母に告げてしまうだろう。ボクが作っている鏡も、同じように見えない事実を映し出すんだよ」

麻衣子はますますわからなくなった。

「見えないものを、どうやって見えるようにするんですか？」

すると石丸はそれまでの硬い表情を崩した。

「たとえがわかりづらかったかな。会社が儲かっているかどうかは、営業所や工場を見ただけではわからない。だが、会計を使えば会社の実態、つまり真実を魔法の鏡に映し出すことができる。ボクの仕事はね、この会計を広めることなんだ」

お金に色をつけるのが「会計」の基本

「会計の先生……ですか」

麻衣子が言うと、石丸は首を大きく左右に振った。

「会計を教えるだけじゃない。会計を使って成果が出るようにアドバイスするのが仕事だ。理論だけ教えて使い方を教えないのは、いかにも無責任だからね」

石丸は穏やかな口調で言った。

「どんな人たちにアドバイスしているんですか?」

「企業の経営者、病院の院長、政治家、それから……家計を預かる人たちかな」

「家庭の主婦にも、ですか?」

経営者と家庭の主婦がなぜ同列に語られるのか、麻衣子は理解できなかった。

「いかにも。家計は会社経営となんら変わらないんだ」

「そうなんですか？　家計について、いったいどんなことを教えているんですか？」

するど、石丸はにこっと笑って、話し始めた。

「先ほども言ったように、**家計は会社経営と同じ**なんだ。家計を上手にやりくりするには、入ってきたお金がどのように使われているかを、しっかり管理する必要がある。そこで役に立つのが、管理会計の考え方なんだよ」

（管理会計って、かなりの専門知識が必要なはず。家計に会計の考え方だなんて、ずいぶんむずかしそうなことを……）

石丸は、麻衣子の心を見透かすように言った。

「会計と言っても、何もむずかしいことはないんだ。家計に入ってくるお金や出ていくお金には、色がついていない。1万円使っても、何に使ったのかはわからない。そこで会計を使って色づけするんだ。そうすれば、いろんなことが見えてくる。いいことも、悪いことも ね。これが会計の基本なんだ」

「お金に色をつけるのが、会計……」

麻衣子にとって、石丸の話は新鮮に聞こえた。

「会社も家計も、上手に経営しなくては赤字になってしまう。家計が赤字だと、不安で心が荒《すさ》むものだ。しかしいったん黒字になるだけで、不思議なことに元気が出て、やる気まで満ちあふれてくるものなんだ。赤字にならないために、会計の考え方はかなり役立つんだよ」

「赤字」とは何か

「会社経営と家計はまったく違うものだと思っていました」

そう言ったものの、麻衣子は石丸の話を鵜呑《うの》みにしたわけではない。そもそも、家計を経営するなんて、ちょっと大げさではないだろうか。だが石丸は、おかまいなしに説明を続けた。

「その誤解が人々を不幸にしているんだよ。国民は、財政赤字はけしからんと言って政府を批判する。株主は、連続して赤字になると社長の能力がないと批判する。たしかにもっともだ。だが、そう批判する人たちにかぎって、自分の家計が赤字でも、黒字にする方法

●会社

黒字とは
売上高＞費用
（収入）　（支出）

赤字とは
売上高＜費用
（収入）　（支出）

●家計

黒字とは
収入＞支出

赤字とは
収入＜支出

がわからない。収入を増やせばなんとかなると思い込んでいるんだよ」

麻衣子は、石丸の話に少し興味を持ち始めた。

「ボクは赤字という言葉を何度か使った。まずその意味をしっかりと確認しておこう」

石丸はそう言うと、黒表紙のノートを開き、胸ポケットから外国製の太い万年筆を取り出して、簡単な式を書いた（上図）。

「会社も家庭も、入ってくるお金より出ていくお金が多ければ赤字になる」

（そう言われれば当たり前だけど……）

「厳密に言うと、会社経営と家計では赤字の意味は若干違う。家計の赤字は支出が収入より多い状態、会社の赤字は費用が売上高より多い状態を指す。だが、そんなことは気にしなくていい。大事な点は、会社経営も家計も、黒字でなくてはならないということなんだ。

赤字というのは、学校の成績に置き換えれば赤点のことだからね。落第なんだよ。たまたまヤマが当たったから赤点を免れたというのでは、早晩落第になるのは目に見えている。家計で言えば、たまたま臨時収入が入ったから、借金せずにすんだようなものだ。脆弱《ぜいじゃく》と言うほかない」

内心、ドキッとした。今は月々の赤字をボーナスで補塡《ほてん》したり、麻衣子の独身時代の預金を取り崩したりしながら、なんとか生活している状態だからだ。

「家計が苦しいとみんなすぐ安易な節約に走り、1円単位で家計簿をつけ始める。でも家計簿をつけることなどたいして意味がない、とボクは思っている」

石丸はまじめな顔で言った。

「え？　……ということは、家計簿をつけなくても大丈夫なんですか？」

「もちろんだとも。大切なのは、**収入の範囲内で生活することなんだ**。それができれば、使ったお金を逐一記録するような家計簿をつける必要などないだろう」

（そもそも収入の範囲で生活するのが厳しいから、家計簿をつけて改善しようとしているのに……）

「私だって、収入に見合った支出を心がけています。でも、夫の給料は多くはないんです。だから……」

家計は赤字なんです、と言いかけて、麻衣子は口をつぐんだ。

シャーロック・ホームズばりの推理

石丸はさりげなく話題を変えた。

「小倉へはひとり旅かな？」

「実家が下関なんです。それで、両親に会いに……」

「なるほど。失礼だがお子さんは？」

「はい。娘がひとりいます」

すると石丸は「では、こういうことかな」と、シャーロック・ホームズばりに自分の推理を話し始めた。

「君はご両親に頼みごとをするために、ひとりで実家のある下関に向かっている。おそらく、ご主人からマンションの頭金を工面してほしいという話があったんだろう。妻にお金の無心をさせるのは気が引けるから、せめてもの気づかいでご主人はグリーン車のポイントを君に譲った。ボクの推理は的はずれだろうか」

麻衣子は耳を疑った。

「え、どうしてわかるんですか?」

石丸はニコッと笑って答えた。

「簡単なことだ。さっき君は大きな声で電話をしていたからね。通りすがりにいやでも耳に入ってきた」

「大きな声だなんて……」

麻衣子は恥ずかしくなり、下を向いた。

「小声だったかな。内容によっては、小さな声でもよく聞こえるものなんだ。1000万円という言葉が聞こえてきたから、これはマンションの頭金ではないかと推理した。君の年代で、１０００万円という大金が話題に出るのは住宅以外に考えにくいからね。それよりも……」

石丸はまじめな顔で麻衣子に聞いた。

「話しぶりからして、君はマンションを買おうか買うまいか、迷っているように思えた。それから、家計に深刻な問題を抱えている」

そのとおりだった。

「そんなことまで……」

「ボクが家計の話をしたら、乗ってきたからね。興味がなければ、いい加減に返事をして、会話を終わらせるだろう。だが、君は違った」

「はい。そうなんです」

麻衣子は小さな声で答えた。そんな麻衣子に石丸はやさしく語りかけた。

「小倉に着くまでにはずいぶん時間がある。もしよければ、ボクが君の家計相談に乗るというのはどうだろうか」

麻衣子は戸惑った。この不思議な紳士が信頼できる人物なのかどうか、わからないからだ。石丸はなぜ見知らぬ自分の相談に乗ろうというのだろうか。そんなふうには見えないが、下心があるのだろうか。あるいは、単なるひまつぶしなのか。とはいえ石丸には名前を教えただけで、住所や電話番号を教えたわけではない。小倉に着いたら、二度と会うこともないだろう。

麻衣子は警戒心を抱きながら思いをめぐらせた。


「どうして、見ず知らずの私のことを心配してくださるのですか？」

「先ほど、デッキで君の会話を聞いてしまったからだろうね」

石丸はそう答えたが、麻衣子には意味がわからなかった。

すると、石丸は麻衣子の気持ちを察したかのように話し始めた。

「ボクの信条は、プロとして常に最善を尽くすことだ。それと、このことだけはいつも肝に銘じている」


石丸が黒表紙のノートのゴムバンドをはずしてページをめくると、そこには次の言葉が書かれていた。

知りながら害をなすな。

「これはドラッカーも引用している、２５００年前のギリシャの名医ヒポクラテスの言葉だ。つまり悪い状態だとわかっているのに手をこまねいて見ているのは、プロとして失格だという意味だ」

石丸はやさしく言った。

乗車したときに、デッキでの会話を聞いて麻衣子の家計に問題があることを察した石丸は、それを放っておくことができなくなったのだ。

「ボクはこれまで、何百人もの経営者にアドバイスをしてきた。家計がうまくいかないと言う人には、『正しい家計管理』ができるよう相談に乗ることもある。会計を使って問題を解決するのが、ボクの仕事だからね。

どんなに優れたスポーツ選手でも、コーチがいなくては優秀な成績を残せない。同じように、有能な経営者にも参謀は欠かせないんだ。自分がおかしているまちがいに気づくには、プロのアドバイスが必要だからね」

石丸は続けて話す。

「ただし、ボクのアドバイスをそのまま実行しても、かならずしもうまくいくとはかぎらない。家計はその家庭ごとに異なるし、考えて実行するのは会社の経営者であり、家計を預かる人だからだ」

たしかにそのとおりだと麻衣子は思った。

（雑誌でよく見かける他人の家の家計相談が、参考になったことはないしね……）

「ボクは決してウソは言わない。過大な期待を抱かせることもしない。それでもよければ、最善を尽くして相談に乗ろう。そして君に、『正しい家計管理』の基本を伝授しようじゃないか」

麻衣子はしばらく考えて、戸惑いながら口を開いた。

「ぜひお願いしたいのですが……。報酬を支払う余裕がありません」

「ボクのほうから押しかけコンサルタントを買って出たんだ。報酬をいただく筋合いではない。それでも気になるなら、コーヒーのおかわりで手を打とうじゃないか」

麻衣子はお礼を言って、バッグから手帳とボールペンを取り出した。

麻衣子さんの手帳メモ

- 会社の経営と家計は本質的に変わらない。
- 会社も家計も黒字でなくてはならない（収入＞支出）。
- 大切なのは「収入の範囲内で生活すること」である。

「正しい家計管理」とはいったいなんだろう。
我が家は赤字家計から抜け出せるのか!?

第 1 講

見るべき数字は別にあるんだ

財産目録を作る

のぞみは小田原駅を勢いよく通過した。

「そう言えば、君は今、家計簿をつけているのかね？」

石丸が聞いた。

「何度かトライしたことはあるんですが、なかなか続かないんですよね」

麻衣子は正直に答えた。


年末になると、書店には家計簿と手帳がずらりと並ぶ。麻衣子も毎年のように家計簿を購入するが、１カ月と続いたためしがない。スマホアプリの家計簿も試してみたが、結果は変わらなかった。

なぜ、家計簿が続かないのか。もちろん、こまかな支出を書き込むのが面倒だというのが大きな理由だ。しかしそれよりも、家計簿をつけたところで、給料日前には金欠状態になる。その現実に嫌気が差して、家計簿をつけるのが苦痛になるのだ。

「ボクの妻は、家計簿をつけてないんだ。でも、家計をうまく管理している。いや、うまく管理するどころか、完璧なんだよ」

「家計簿をつけなくても、ですか？」

石丸はまたもやよくわからないことを言う。石丸の妻は家計簿なしで、家計を完璧に管理できるというのだ。それは、先ほど石丸が言った「使ったお金を逐一記録するような家計簿をつける必要などない」ということに関係があるのだろうか。

「なぜ、君は家計簿をつけようと思うのかね」

石丸が聞いた。

「家計を黒字にするためには、まずは家計簿をつけなきゃって……」

「でも、決まってギブアップしてしまうわけか」

麻衣子は黙ったままうなずいた。

「はっきり言おう。**大切なのは家計を黒字でまわすことであって、家計簿をつけることじゃないんだ。**何を買った、いくら使ったと出たお金をこまかく記録しても、赤字の家計が黒字になるわけではないんだ」

「つまり、何をいくらで買ったという支出を記録しても意味がない……ということですか？」

「そのとおり。キャベツ１９８円、トマト１５８円……なんていう家計簿はナンセンス、愚の骨頂とも言えよう」

強い口調に、麻衣子は思わずだまってしまった。

「家計簿は過去の支出。会計の世界では、過去の業績をあらわす決算書を『死亡診断書』と揶揄《やゆ》することもあるほどだ。使ってしまった過去の支出について、あれこれ言ってもしょうがない」

「死亡診断書……」

またしても強い言葉にショックを受けてうつむく。

麻衣子の様子に気づいた石丸は、口調をやわらげた。

「家計簿にまったく意味がないわけではない。自分の支出のパターンを知るために使える資料にはなる。ただ、**本当に見るべき数字は別にあるんだ**」

「見るべき数字、ですか」

少しの間を置いたあと、石丸はまた口を開いた。

「おそらく君は、家計管理をするための手段は家計簿をつけることしかないと思っているのだろうね。ところがそうではないんだよ。必要なのは、**4つの表**なんだ」

「4つの表……ですか?」

「そのとおり。4つの表を作るだけで、驚くほど家計は整理されるし、将来の不安も消える。何より黒字の仕組みを作れるんだ」

石丸はそう言って、ノートのメモを見せた。

第1の表:昨年の収支実績
第2の表:1年間の予算と実績
第3の表:1カ月の予算と実績
第4の表:生涯収支

麻衣子は4つの表のタイトルを自分の手帳に書き写したが、それぞれの表が何をあらわすものなのかは皆目見当がつかなかった。

(4つの表なんて、家計簿より面倒くさそう……)

「表については追い追い話していくとしよう。この４つの表の前提となる**いちばん大事な数字**の説明が先だ」

もともと数字が苦手な麻衣子は、「４つの表」「前提となるいちばん大事な数字」と言われて、もうその言葉だけでげんなりしてしまった。

「期間」と「時点」で家計の実態をつかむ

のぞみは静岡駅を通過した。

車窓からは、紺碧の空を背にした富士山が見えた。

麻衣子はスマホを取り出して写真を撮り、石丸に話しかけた。

「学生のころ、富士五湖をまわったんです。富士山って、見る場所で姿がすべて違うんですよね」

「そうだね。ボクは新幹線から見る富士がいちばんだと思っている。富士山の頂上から裾野まで、一望できるんだから」

と言って、石丸は腕組みをして窓の外の富士山を眺めた。

「とはいえ、山中湖から見る富士も素晴らしい。そうそう、以前飛行機に乗ったときに、上空から見た富士もよかった。火口と富士五湖とがくっきり見えてね。君の言うとおり、富士山の姿は見る場所で、まったく違う」

石丸は感慨深げに富士山を見つめた。そして、思い出したように言った。

「家計も同じなんだよ。異なった視点から数字を見ることで違った情報を得られる」

麻衣子はけげんな顔で次の言葉を待った。

「家計を見る重要な視点は、**期間**と**時点**なんだ」

石丸はノートに図を描きながら、説明を始めた。

「期間は1年間、時点は12月31日と決めて家計を眺めてみる。期間でわかるのは『**1年間でいくらお金が入って、出ていったか**』、そして区切りの12月31日にわかるのは『**現時点で、家計の財産はいくらあるのか**』だ。

このふたつを見れば、家計の実態はだいたいわかる。もっとも、実際の家計管理では１年間は長すぎるから、１カ月のスパンで見る必要はあるがね」

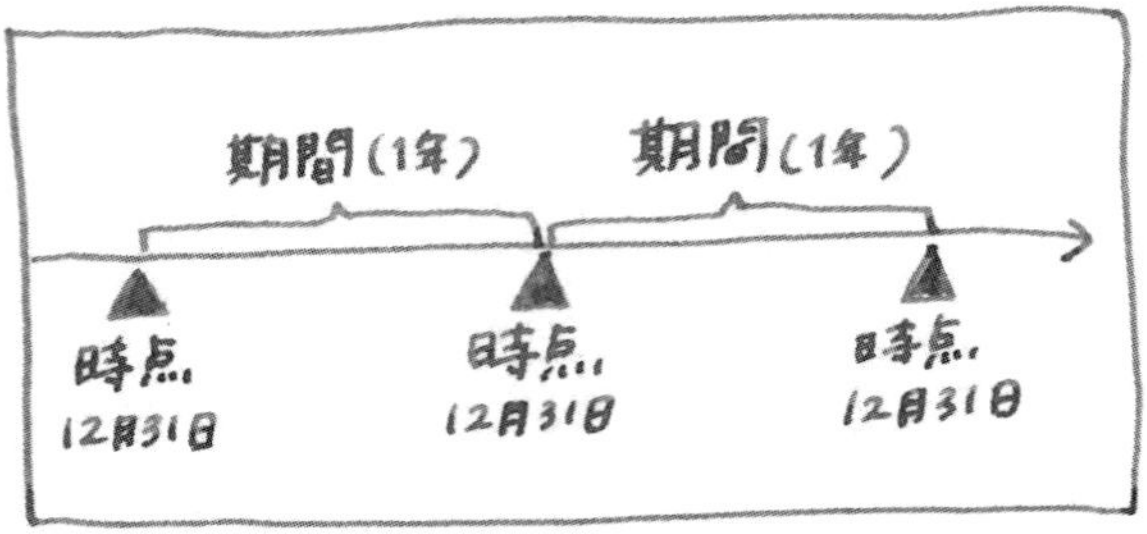

期間と時点で家計を見る――。これまでの麻衣子には想像もできなかった視点だった。麻衣子は俄然、石丸の言う正しい家計管理とやらに興味がわいてきた。

現在の体重を知っているか

「ボクはダイエットが趣味なんだ。ダイエットを始めるときにまずやるべきことは何かわかるかな？」

麻衣子は、石丸のおなかにちらりと目をやりながら答えた。

「ダイエットでまずやるべきことは……、食事を減らして運動をすることですか？」

「それは違う」

石丸はあっさり否定した。

考え込んでいる麻衣子に、

「わからないかな？　むずかしく考えなくてもいいんだ。**ダイ**

エットでまずやるべきは、体重をはかること。体重を知らないまま、食事を減らしたり運動したりする人はあまりいない」

（なんだ、そんなことか。それって、ダイエットで大事なことというより、前提では？）

「それなのに、**現在の家計の状態を知らずして、節約を始めたり預金目標を決めたりする人がいかに多いことか**」

そこまで言われて麻衣子はハッとした。

石丸はさらにこう続けた。

「君は今の自分の体重、いや失礼、今現在の全財産を即答できるかな？」

「ええっと……」

麻衣子は思いをめぐらせた。

（あの銀行とあの銀行に、たしか10万円ずつあったはず。あ、でも、あの銀行口座にもいくらか入っていた気がする。たんす預金もあるし、夫の会社の財形貯蓄の金額もよくわからない）

「全財産と言うと、どこまで入れればいいんでしょうか」

「全部だよ。体重を聞かれて、『頭は10キロ、腕は5キロなんですけど、足も入れますか？』とは言わない。**全財産とは文字どおり全財産なのだよ**」

麻衣子は口ごもってしまった。財形貯蓄や保険の返戻金などは調べないとわからないとしても、大まかな現金の合計すらわからない。

「全財産がわからないまま、節約したり貯金に励んだりするのは、自分の体重を知らないのにダイエットを始めるに等しいんだ。まずは体重をはからないとね」

石丸はおなかをさすりながら、にっこり笑って言った。

見るべき数字は現在の「純資産」

「年末になると、ボクは妻といっしょに『財産目録』を作ることにしているんだ。つまり体重測定だね。

財産とは、現金や預金、それから将来現金をもたらすものを合わせたものだ。もちろん、株式や投資信託、不動産も財産だ。

どこの銀行にいくら預金があるか、持っている株式を今売ったらいくらになるか、自宅の価値はどのくらいか、借金はいくらあるか……、すべてを書き出して一覧にするんだ。そして、これらプラスの財産と、借金、つまりマイナスの財産の差額を計算する。こうすることで、本当の財産（純資産）がわかる。まあ、現在の我が家に借金はないがね」

「年末と言うと……わかりました。それがさっきの、**時点で家計を見る**ということですね」

麻衣子は石丸の話がだんだんわかってきた。

「そのとおりだ。財産目録を作れば、現時点の家計の実態がわかる」

石丸はノートをめくって財産目録の表を見せてくれた。

「大事なのは、とにかく全財産を可視化することだ。まず家じゅうの通帳、現金を集める。そしてこんなふうに書き出してみるんだ。不動産や株も『今売ったらいくらになるか』を調べる」

「不動産や株なんて、我が家とは無縁ですから大丈夫です」

財産目録（○月○日現在）

プラスの財産

手元現金		○○○円
普通預金	○○銀行	○○○円
定期預金	○○信金	○○○円
定期積金	○○銀行	○○○円
財形貯蓄	△△銀行	○○○円
株式	○○サービス	○○○円
株式	○○テクノロジー	○○○円
不動産	自宅	○○○円（売却可能額）
合計		○○○円　①

マイナスの財産

住宅ローン残高	○○銀行	○○○円
奨学金ローン残高	□□銀行	○○○円
合計		○○○円　②

純資産	① − ② ＝ ○○○円

「そうかね。念のため、ご主人にも聞いてみるといい。若いころだれかにすすめられるままに買った投資信託や外貨預金が、ほったらかしになっているかもしれないよ」

麻衣子が表を見ながらつぶやく。

「マンションを買ったら、それも財産になるということですか？」

今夫が欲しがっているマンションは6000万円だ。これを手に入れれば、大きな財産になるのだろうか。

マンションを買えば、財産は増える？　減る？

「たしかに、マンションなどの不動産は立派な財産だ。しかし、住宅ローンを組んでマンションを買えば、それから何十年ものあいだローンを返済し、利息も支払わなくてはならない。

つまり、**住宅ローンは将来にわたって現金が出ていくマイナスの財産**ということになるね。住宅ローンで家を買うということは、プラスの財産（不動産）が増えると同時に、マイナスの財産（借金）も増えるんだ。住宅ローンの残額と家の価値が同じなら、プラスマイナスゼロということだね」

石丸は、麻衣子の目をしっかり見つめながらこう続けた。

「**家計の純資産がマイナスになることは、絶対に避けなくてはならない。**しかし年収が1億円でも、いや10億円あってもこの純資産がマイナスになっている家庭はいくらでもある」

なるほど、と麻衣子は思った。豪邸に住み高級外車に乗っていても、財産以上の借金があれば、すべての財産を処分しても借金が残る。これが純資産がマイナス、という状態なのだ。

「では、君に質問だ。たとえば君のご主人が5000万円のローンを組んでマンションを買ったとしよう。そして5年後、勤務先の会社が倒産した。再就職先もなかなか決まらない。縁起でもないと思うかもしれないが、ありえない話ではない。そのとき、君たち夫婦はどのような行動をとるだろう。マンションを売るか、マンションは売らずに君が働いてローンの返済を続けるか……」

麻衣子はすかさず、「マンションを売って借金を返し、家賃の安いアパートに引っ越します！」と答えた。

「なるほど。だが、現実はそう簡単ではないんだよ。マンションが値上がりしていればいいが、たとえば4000万円に値下がりしていたらどうだろう。ローンは4500万円くらいは残っているだろう。そうなると、500万円の借金が残るんだ。こんなことは、特別めずらしくはない」

「はあ……厳しいですね」

と、麻衣子は蚊の鳴くような声で言った。

「家を買うときは、慎重でなくてはならないのだよ。さもないと、ひどい火傷《やけど》をすることになる」

財産目録は貸借対照表

「先ほど説明した財産目録は、会社が作る『貸借対照表（BS）』と同じものなんだ。君はこの会計用語を聞いたことがあるかな？」

「耳にしたことはありますけど、内容までは知りません」

「簡単に説明すると、お金の流れをあらわす表は大きく分けてふたつある。ひとつは損益計算書（PL）と呼ばれるものでお金の出入りだけの記録。家計簿といっしょだね。もうひとつは貸借対照表だ。これはある時点のプラスの財産を左側に、マイナスの財産である債務を右側に並べた表で、財産目録と同じと言っていい」

石丸がモレスキンのノートを開いて見せてくれたのは、次のようなふたつの表だった。

「マンション価格の変動によっては、下の表の右下の部分が大きくマイナスになることもありえる。このバランスに目を光らせることが家計担当者の責務なんだよ」

マンションを買うことは、同時に大きなリスクを背負うことでもあるのだ。

漠然とわかってはいたものの、麻衣子は急に不安になった。

●損益計算書（家計簿）：業績がわかる

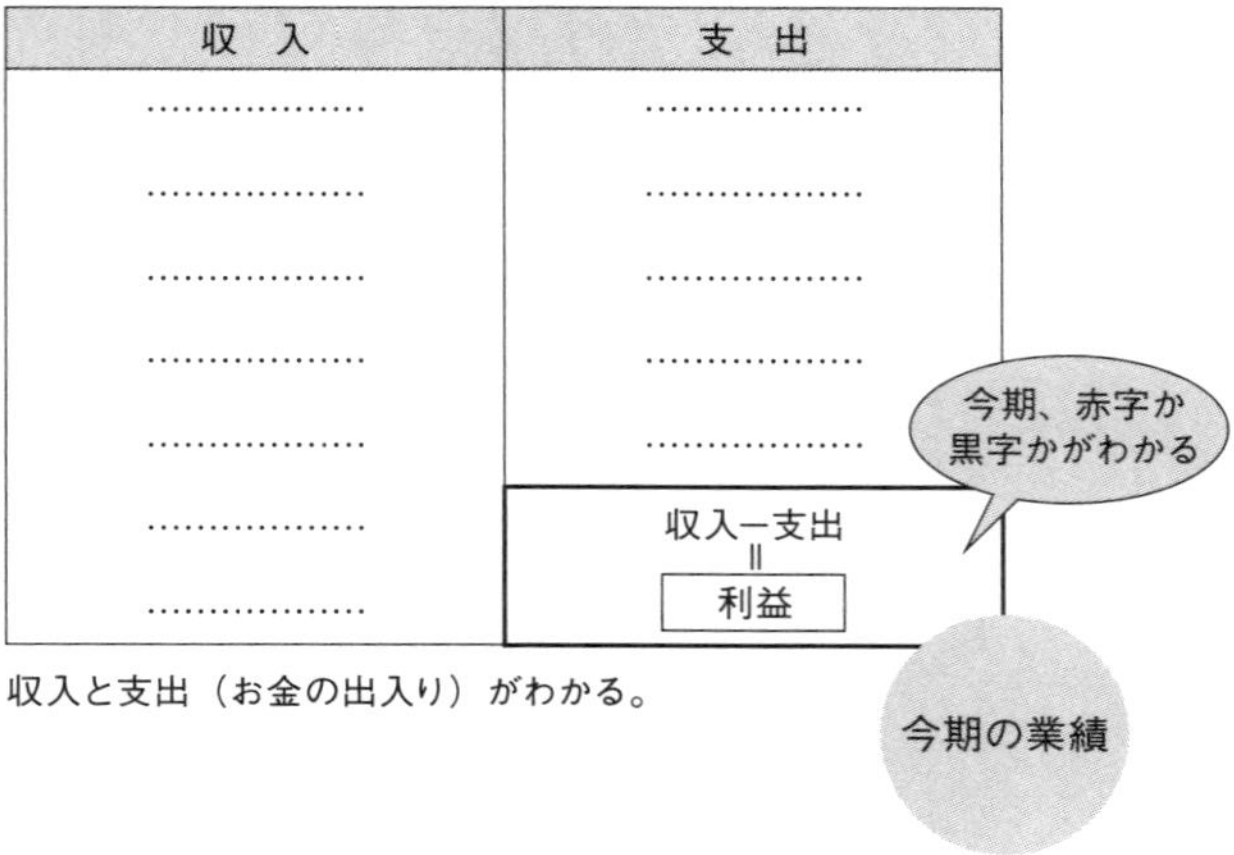

収入と支出（お金の出入り）がわかる。

●貸借対照表（財産目録）：財務状況がわかる

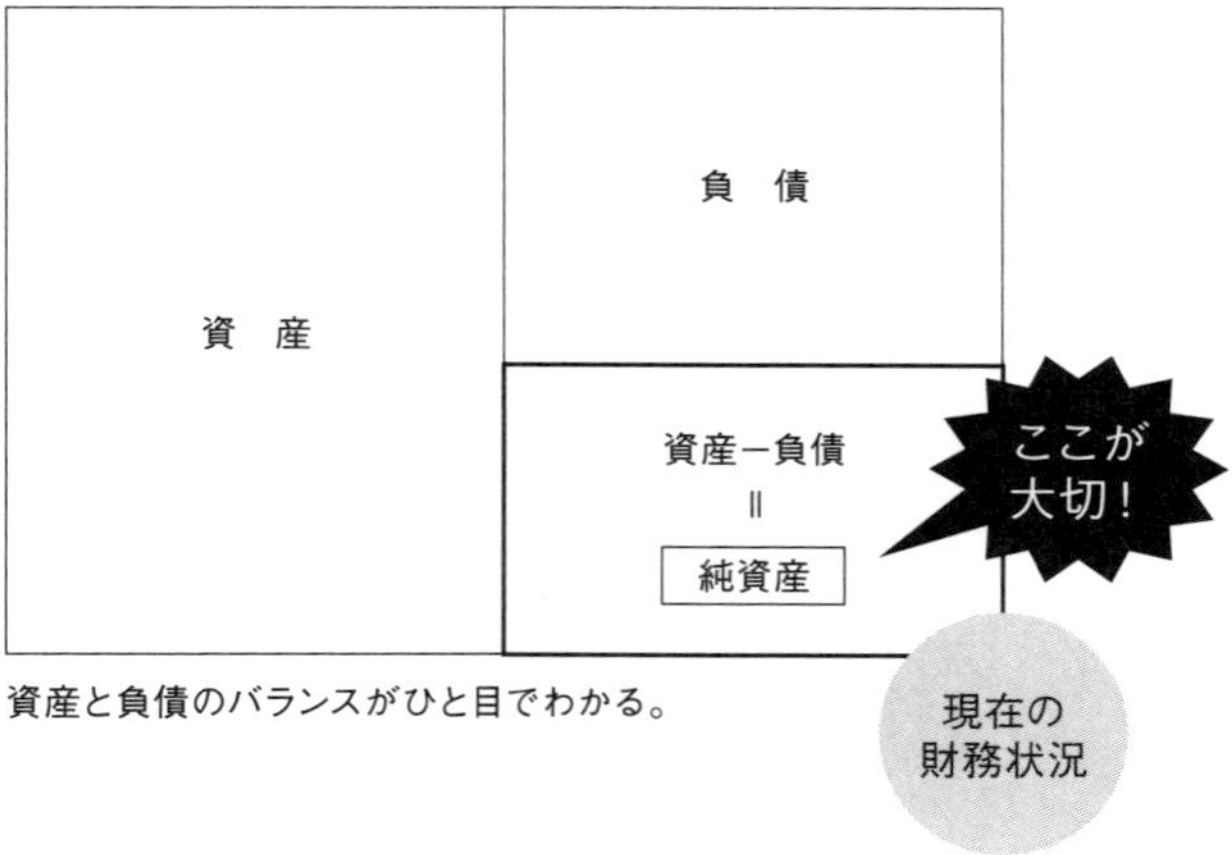

資産と負債のバランスがひと目でわかる。

「さっき、真実を映す白雪姫の鏡の話をしたね。会計の世界ではこのふたつの表こそ真実の鏡なんだ。上の表はある期間、黒字だったか赤字だったかがわかる。下の表では財務の状況がわかる。たとえ今年1年の収支が赤字になっても、昨年までの業績が黒字で、右下の純資産がプラスになっていればそれほど悲観することはない。逆に今年1年がどんなに黒字でも、これまでの累計の負債額が莫大だったら、経営は苦しいと言わざるをえない」

麻衣子はうなずきながら、もう一度表をじっくり見た。

（この表で我が家のどんな真実が見えてくるのかまだわからないけど、とにかく右下の「純資産」がかなり大事だということはわかった）

毎月1円でも増えていればいい

「財産目録は、家計の状況をあらわす体重計なんだ。財産目録を毎年12月31日に作れば、1年間で財産がどれだけ増えたか、あるいは減ったかがわかる。慣れるまでは1年に1回ではなく、毎月、月末に作るといいだろう」

「月末ごとに体重をはかる、というイメージですね」

「そのとおり。そのときに**先月より1円でも増えていればいい**」

「1円でいいんですか?」

「1円増えているということは、少なくともひと月は、収入の範囲内で暮らせたということだ。つまり預金を切り崩すこともなく、黒字でまわった証しなんだ」

麻衣子は、目からうろこが落ちるような思いだった。

(「毎月3万円の預金を目指そう!」とかではなく、まず黒字で家計をまわすことのほうが大事なんだ)

「そして、純資産をしっかり見ること。**純資産がマイナスになっていたら、その家の財務状態は危機に瀕しているということになる。**すぐに対策を打たなければならない。会社だったら業務縮小、リストラなど、速やかな経営改善をはかる必要がある」

石丸は続けた。

「**家計の経営は一生の仕事なんだ。倒産は許されない。**死ぬまで黒字でいられる仕組みを作ることこそが、『正しい家計管理』の目的なんだ」

石丸はノートを開いてページをめくり、ある一節を麻衣子に示した。

〝企業〟にとっての第一の責任は、存続することである＊

「これはこう言い換えることもできる」

〝家庭〟にとっての第一の責任は、存続することである

「命が続くかぎり、家計を破綻させず続けていくことが大事なんだよ」

麻衣子は身が引き締まる思いがした。

＊『現代の経営』（P・F・ドラッカー著　上田惇生訳　ダイヤモンド社）

麻衣子さんの手帳メモ

- 家計簿ではなく、見るべき数字がある。
- 見るべき数字とは「4つの表」(今はまだわからない)と財産目録。
- 財産目録を作って家計の実態を明らかにする。
- ローンは将来にわたり現金が出ていくマイナスの財産だ。
- 純資産がマイナスになることは、絶対に避けなくてはならない。
- 家計の経営は一生の仕事。しかも、会社と違って倒産は許されない。

家に帰ったら
財産目録を作ってみよう!

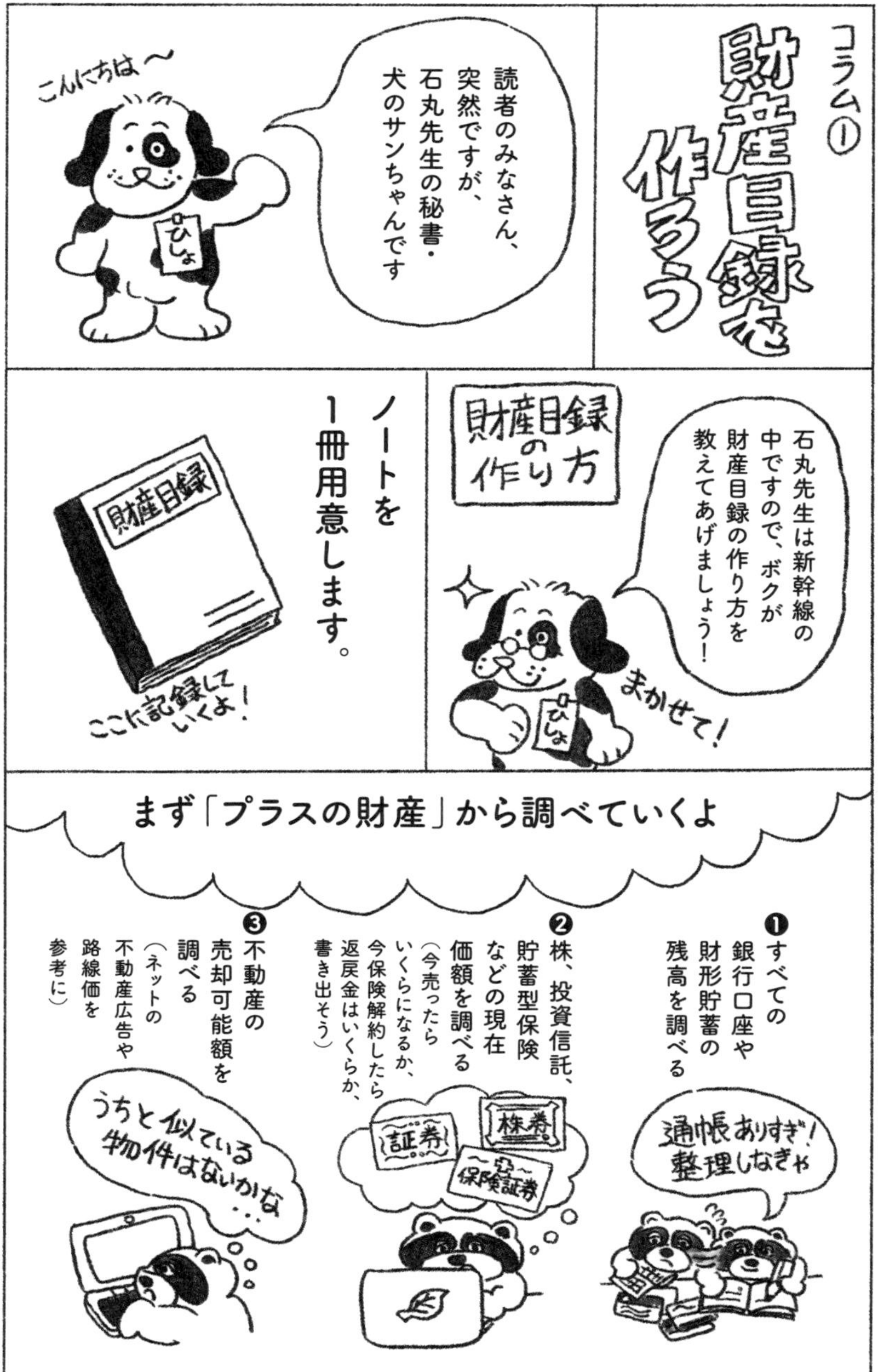
コラム①
財産目録を作ろう
読者のみなさん、突然ですが、石丸先生の秘書・犬のサンちゃんです
こんにちは〜
ひしょ
財産目録の作り方
石丸先生は新幹線の中ですので、ボクが財産目録の作り方を教えてあげましょう！
まかせて！
ひしょ
ノートを1冊用意します。
財産目録
ここに記録していくよ！
まず「プラスの財産」から調べていくよ
❶すべての銀行口座や財形貯蓄の残高を調べる
通帳ありすぎ！整理しなきゃ
❷株、投資信託、貯蓄型保険などの現在価額を調べる（今売ったらいくらになるか、今保険解約したら返戻金はいくらか、書き出そう）
証券
株券
保険証券
❸不動産の売却可能額を調べる（ネットの不動産広告や路線価を参考に）
うちと似ている物件はないかな…

❹家じゅうの現金を集めて数える
（財布の中だけじゃなくて、貯金箱の中もね！）

次に「マイナスの財産」を調べるよ！

住宅や車のローン残高、奨学金、借金などを書き出そう

プラスの財産からマイナスの財産を引けば純資産がわかる！

プラスの財産

- 普通預金
- 定期預金
- 定期積金
- 財形貯蓄
- 株式
- 不動産
- 手もと現金など

－

マイナスの財産

- 住宅ローン
- 車のローン
- 奨学金
- 借金など

＝ **純資産**

毎月末に財産目録を作ると、前月に比べて純資産がいくら増えたかがわかります。

第２講

君は何歳まで生きるつもりかね？

生涯収支を出す

のぞみは浜名湖の鉄橋を走り抜けた。

突然、石丸のおなかがグゥーッと鳴った。

「これは失礼。浜名湖を見るとうなぎが頭に浮かぶんだ。ボクはこの地方のうなぎのかば焼きが大好きでね」

と、突き出たおなかをさすった。


「ご存じかもしれないが、うなぎは土地によって、捌《さば》き方も調理法も違うんだ。関東では背中から割いて、一度白焼きにしたうなぎを蒸してから、タレをつけてふたたび焼く。だからふっくらとしておいしい。料理人に言わせると、この蒸し加減が味を左右するらしい。関西では腹から割いて、蒸さずにタレをつけてパリッとするまで焼き上げる。これがまた香ばしくてうまいんだな。特にこのあたりのかば焼きは、カリッとするように何度もたれをつけて焼く。その食感がたまらないんだよ」

石丸のおなかがまたグゥーッと鳴った。


「あれは養鰻池《ようまんいけ》だ。あそこでうなぎを養殖している」

石丸は子どものような顔で、外の景色を指差した。そこには区画された池があり、水車のような機械が水しぶきを上げてまわっていた。

「ボクが子どものころは、このあたり一帯が養鰻池だった。いつのまにかなくなってしまった池もある。埋め立ててホテルに売却された池もある。しかし、あの養鰻池は50年以上も続いているんだ。この違いは、どこにあるのだろうか」

麻衣子はなんとなくわかってきた。

「収入が支出を上回っているからですね」

「そのとおり。長続きしている養鰻池の経営者は、支出(うなぎを育てて売るためにかかったお金）を収入（売り上げ）以下に抑え、収支差をプラス（黒字）にしてきたんだ。そしてもちろん純資産を黒字にすることも忘れなかった」

「さっきのふたつの表ですね。損益計算書と貸借対照表」

「ただうなぎを育てて売るだけでは、長く商売を続けていくことができない。会計をうまく使って現金の流れを管理してきたからこそ、50年以上も商売を続けることができた。同じように、お金に困らない家庭はどこも、そうやってお金を管理しているんだよ」

石丸は話を続けた。

「急に儲かった企業の経営者が陥りがちなんだが、手元にお金があるからといってどんどん使ってしまい、経営状態が苦しくなってはじめて気づくということがある。いわゆるどんぶり勘定だ。会計の知識がないから、お金の流れが見えていないんだ。

おそらくこれまでの君は、収入が少ないから、家計に余裕がないと思い込んでいたのだろう。何度も言うが、家計を黒字にするには、収入を増やすだけではじゅうぶんではない。大切なのは支出を上手に管理することだ。お金の使い方が人生を決めると言っても過言ではない」

大切なのは収入ではなく、支出。石丸はそう力説した。

「私のお金の使い方がまちがっていたということですか?」

「いかにも。しかし、大切なのは過去ではなく、将来の支出だよ。悲観することはない」

「生涯収支」で人生の全体像をイメージする

石丸の話は続いた。

「**支出は収入以下に抑えなくてはならない。これが、正しい家計管理の大原則だ**。この原則は、今月とか、今年とかの話ではない。これから5年先、10年先、そして生涯を通じて、守っていかなくてはならない。なぜかわかるかな。会社が行き詰まったら、商売をやめれ

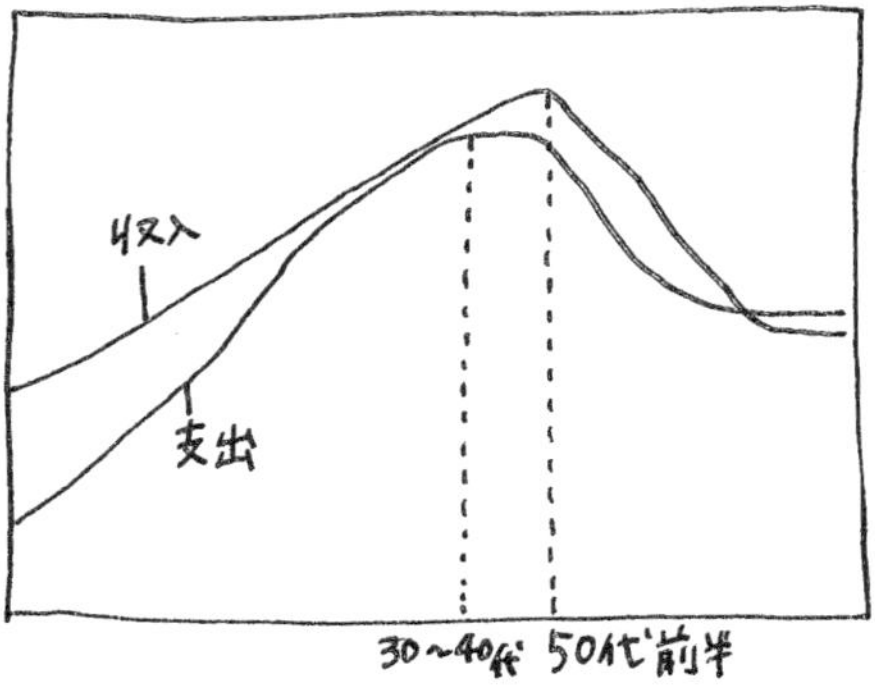

ばいいだけのことだ。だが、君たちの人生はそうはいかない。生活は死ぬまで続くのだ。家計管理を担う人は、『生涯収支を黒字にする』ということを常に考えておく必要がある」

生涯収支……。はじめて聞く言葉だった。

「そこでやるべきことは、生涯でどれだけの収入が見込めるか、そしてどのくらい支出があるのか、大まかでいいからつかんでおくことだ」

そう言って、石丸はノートに四角形と曲線を描いた(上図)。

「日本の会社員の生涯賃金は、約2億2000万円だそうだ。税金や保険料を差し引くと、手取りはだいたい8割の1億7600万円といったところだろう。大ざっぱに40年働くとすれば、年550万円(手取り

440万円）となる。しかし、実際には毎年同じ金額をもらうわけではない。まだまだ日本企業は年功序列の給与体系が多いから、若いうちは給料が少なく、年とともに増えていき、50代前半にピークを迎え、その後急激に減って定年を迎えるケースが多い」

石丸はその図に支出の曲線を描き加えた。

「次に生涯支出を考えてみよう。支出のピークは住居費や子どもの教育費がかさむ30代から40代だ。もちろん結婚や出産、住居購入などのタイミングによって人それぞれだがね。住宅ローンが残っていれば、返済は定年後も続く。生涯収支計画の基本は、毎月の支出を収入以下に抑えながら、30代から40代までの支出のピークを乗り切り、しかも老後の備えを怠らないことだ。もうわかったね。家計の経営を任されている君は、最初に生涯を見通したビッグピクチャー（全体像）を描くことから始めなくてはならないんだよ」

君は何歳まで生きるつもりかね？

目の前のやりくりに追われている麻衣子にとって、生涯を見通すなどという言葉は他人事のように思えた。しかし、老後への漠然とした不安は常につきまとっている。石丸は、そんな麻衣子の気持ちを見透かしたかのように、切り込んできた。

「君は何歳まで生きるつもりかね？」

「何歳までって……。そんなこと、わかりません。いつ死ぬかわからないから」

「そのとおり。いつ死ぬかはわからない。明日何が起こるかもわからない。未来は常に不確定だ。**不確定だからこそ一度大まかな見通しを立てておくことに意味があるんだ**」

麻衣子はなるほど、と思った。不確定だからこそ見通しておく。

「もうひとつ質問したい。**『老後』はいつから始まるのだろう**」

「えっと……、60歳とか65歳からでしょうか」

「それはイメージで言っているね。家計的な老後の始まりを考えてほしい」

（家計的な老後……。いったいいつから始まるんだろう）

考え込む麻衣子に対し石丸は説明を始めた。

「ボクは家計的な老後をこう定義している。**世帯収入がこれまでの50％以下に移行したとき**。つまり年金中心の収入になったときが老後の始まりだ。会社員は定年があるから定年退職後だね。自営業は仕事をやめた次の日から老後が始まるということになる。健康で長く働き続けられるなら、家計的老後の始まりは先になる」

急に老後が具体的なイメージとして迫ってきた。

「毎月お給料が入ってくる今でも家計は苦しいのに、半分以下になってしまう老後を想像したら、ゾッとしてしまいます」

麻衣子は思わず本音を漏らした。

「だからこそ、若いうちから老後に備えておくことが必要なんだ。でも目の前のことに精いっぱいで遠い将来のことまで手がまわらないのもわかる。ボクも若いころは、還暦をすぎた自分の生活のために、今何をしようかなんて考えなかったからね。だがこの年になって、将来を予想し、将来に備えることの重要性がわかってきたんだ」

「私は37歳なんですが……、今からでも間に合いますか？」

麻衣子が不安げに聞いた。

「もちろんだ！　思い立ったが吉日と言うじゃないか。40代でも50代でも、挑戦に年齢は関係ない」

そして石丸は、うれしそうにこんな話を始めた。

「ドラッカーは18歳のころ、オペラの巨匠ジュゼッペ・ヴェルディの『ファルスタッフ』を観て深く感動した。そして、ヴェルディがこのオペラを書いたのが80歳目前だったことに、大きな衝撃を受けたんだ。

ヴェルディはファルスタッフを書いた理由について、『いつも失敗してきた。だから、もう一度挑戦する必要があった』と答えたそうだ。ドラッカーはこの言葉を胸に自分の道を歩き続け、自身も80歳を超えても研究を続けたんだ。何事も遅すぎるということはない」

4つのステージで家計を考える

「生涯収支って、いったいどうやって出すんでしょうか」

麻衣子は聞いてみた。

「生涯収支は、毎年の収入予測と支出予測を出していき、90歳時点でプラスになるよう調整していく。さっき説明した4つの表のうちのひとつだ」

「え!? 毎年の収支予測？ ということは、私の場合は今37歳なので、53年間分の収支予測をするということですか？」

「そのとおり！」

石丸は笑顔で断言した。

麻衣子は到底無理だと思った。

（無理だし、やりたくない。面倒くさすぎる！　でも……たぶんやるしかない。今現在、赤字なのに、定年退職後に収入が半分以下になったらどう暮らしていけばいいのか）

石丸は励ますように言った。

「大まかな予測でいいんだ。生涯の収支を一度見通すだけで、老後の不安が消えるし、生涯黒字でいられる」

「生涯黒字……」

「そうだ。今も、10年後も、20年後も、黒字でい続けるための作業なんだ。そしてそれこそが家計管理をする意味なんだよ」

いつ死ぬか、いつまで働くかは不確定だけど、暫定的に決めて具体的な数字を入れておけば、そこから修正していけるのだと石丸は力説した。

「ひとつコツを教えよう。人生を４つのステージに分けて考えると、長期の収支予測がしやすい」

石丸は万年筆でノートに書きつけた。

【第1ステージ】就職～子どもが小学校低学年くらいの時期
【第2ステージ】住宅ローン、教育費の比重が大きくなる時期
【第3ステージ】ローン返済の終わりが見え、教育費の比重が小さくなる時期
【第4ステージ】年金生活が始まる時期

「第1ステージと第3ステージがお金の貯めどきだということは、なんとなくわかるだろう。もちろん、子どもを持つ持たない、住宅の購入時期などによってステージは変わる」

「うちはそろそろ第1ステージが終わろうとしているんですね」

「そうだね。家計を立て直すにはいい時期だよ」

人生の3大支出

「ボクが大まかな数字でいいと言うのは、会計は全体を大づかみすることが大切だからだ」

「全体を大づかみ……ですか」

「そうだ。この生涯収支も、大まかな全体像を頭に入れることが目的で、人生の計画表ではないんだ。人生には思わぬ変化が起こるからね。それが生きるおもしろさじゃないか」

麻衣子はそう言われていくらか気持ちがラクになった。


「ここで質問だ。人生には3つの大きな支出があるんだが、何かわかるかね?」

「えっと……まず住居費でしょうか。それから教育費?」

おそるおそる口に出した。

「正解! あともうひとつはわかるかな?」

麻衣子はしばし考えてみたが、住居費と教育費に値するような大きな支出は思い当たらなかった。


「老後のお金だよ」

石丸はおごそかに3つ目の答えを口にした。

言われてみれば、なるほど、と思った。

「ああ、だから、老後資金は2000万円用意したほうがいい、とかニュースでよく言っていたんですね」

「老後資金が2000万円必要なのか、はたまた1000万円でいいのかは、家庭によってまったく違う。それもこの生涯収支を出してみると、だいたいわかるだろう」

石丸は笑って答えた。

「さっき、支出は常に収入を上回ってはいけないと言ったが、この住居費と教育費と老後資金だけはふだんの給料だけではまかなえない。額が大きいからね。だからローンを組んだり、貯金をしたりする。この3つの支出金額を大きくとらえておくといいだろう」

麻衣子は頭の中がクリアになる気がした。

まず4つのステージ、さらに3大支出。脳内に地図のようなものが広がっていく。

プランニングとは「明日のために今日何をおこなうか」

石丸は続けた。

「しつこく繰り返すが、家計を経営するということは、死ぬまで続く一生の仕事なんだ。常に将来を見据えて、今を生きなくてはならない」

「でも、将来を見据えるって、どうすればいいのでしょうか……」

麻衣子にはよくわからなかった。将来のことはだれにもわからないのではないだろうか。

「いい質問だ。その質問に答える前に、君に質問したい。プランニング、つまり計画を立てるとはどういうことだろう」

「えーっと……、明日何をするかを考えること、ですか？」

と麻衣子は答えた。

すると石丸は「ドラッカーはこんなことも言っている」と、分厚い本を開いて見せた。


プランニングにおいて重要なことは、明日何を行なうかを考えることではない。明日のために今日何を行なうかを考えることである。＊

「明日のために今日何をおこなうか」

麻衣子は書いてあることをつぶやきながら、

（明日のために今やっていること、何もないかもしれない）と内省した。

＊『ドラッカー365の金言』（P・F・ドラッカー著　上田惇生訳　ダイヤモンド社）

麻衣子さんの手帳メモ

- 将来が不確定だからこそ、
  一度大まかな見通しを立てておくとよい。
- 生涯収支を出してみる。
- 人生を4つのステージに分けて考える。
- 人生の3大支出は、
  ①住居費 ②教育費 ③老後資金。

明日のために
今日できることは何か。

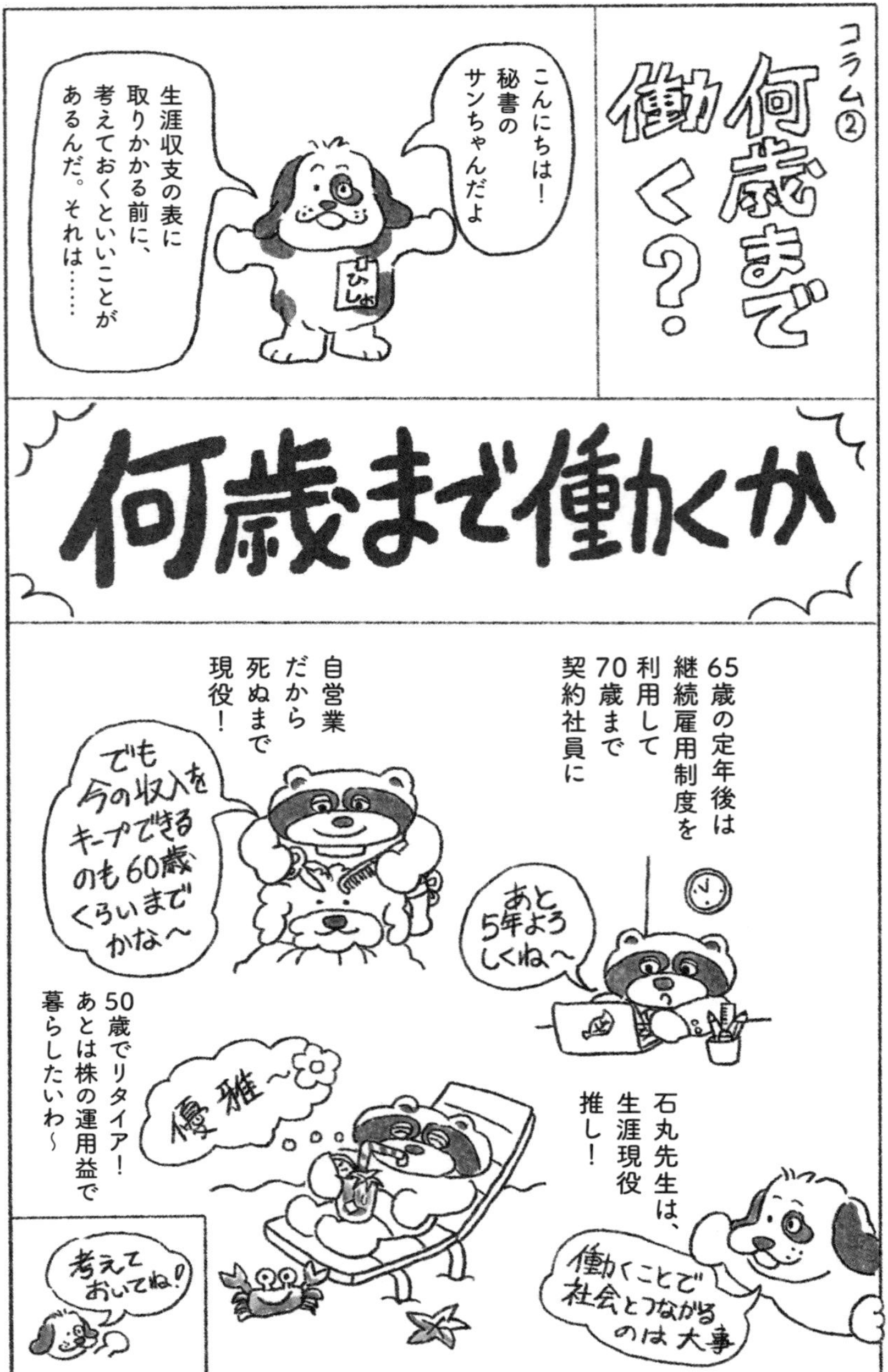
コラム②
何歳まで働く？
こんにちは！秘書のサンちゃんだよ
ひしょ
生涯収支の表に取りかかる前に、考えておくといいことがあるんだ。それは……
何歳まで働くか
65歳の定年後は継続雇用制度を利用して70歳まで契約社員に
あと5年よろしくね～
自営業だから死ぬまで現役！
でも今の収入をキープできるのも60歳くらいまでかな～
石丸先生は、生涯現役推し！
働くことで社会とつながるのは大事
50歳でリタイア！あとは株の運用益で暮らしたいわ～
優雅～
考えておいてね！

第３講

君の夢を教えてほしい

価値観を予算に反映する

12時09分。のぞみはあっというまに名古屋駅に到着した。それまで満席だったグリーン車に、空席が増えた。

そのとき、麻衣子のスマホがまた振動した。

「失礼します」

麻衣子は席を立った。


「ママ、今どこなの？」

娘の七海からだった。

「名古屋よ」

「私も、下関のおじいちゃんとおばあちゃんに会いたかったなあ」

「今日はピアノがあるし、明日は塾でテストでしょう」

「そうなんだけど……。今日、ピアノ、休んじゃダメ？」

「どうしたの？　何かあった？」

麻衣子は心配になった。

「ううん。そうじゃないけど、塾の宿題があるから……」

「ダメよ。なんとかがんばりなさい」

麻衣子は、そう言って電話を切った。

麻衣子はデッキの壁にもたれ、車窓をぼんやりと眺めながら考えをめぐらせた。

5歳からピアノとバレエ、3年生から塾に通わせているが、最近、七海はピアノを休みたがる。バレエのレッスンは楽しそうだし、家でも時間を見つけては練習しているが、ピアノは自分から進んで練習することはめったにない。

（ピアノ、好きじゃないのかな。でも、せっかくここまで続けてきたのに、中途半端でやめるなんてもったいない……）

優先順位を最初に決める

席に戻ると、石丸のテーブルには、ペットボトルのお茶と上等そうな幕の内弁当がのっていた。どうやら東京駅で買っておいたらしい。

「駅弁はやはり、幕の内弁当にかぎる。一度にこれほどいろいろな味が楽しめる料理は、そうそうないですからな」

「私はサンドウィッチを買っておいたんです。あ、食後のコーヒーはごちそうさせてください」

「では、遠慮なく」と、石丸はウインクのような表情をした。


「君、旅行は好きかね」

弁当を広げながら、石丸は尋ねた。

「好きです。……大好きです。独身のころは、よく一人旅をしました。結婚してからは里帰りくらいですけど」

「そうか。ボクも妻も旅行が好きでね。まだ恋人同士だったころ、結婚したら毎年一度は海外旅行に行こうなんて、ついつい口を滑らせてしまったんだ。だから、今でも約束は守り続けている。とはいえ、人生を振り返ってみると、約束を守り続けて本当によかった。旅の思い出は、決して色あせることはないからね」

石丸は感慨深げに車窓からの景色を眺めた。


「妻は、行き先を決めるとかならずガイドブックを何冊かまとめて買ってくる。そして何日もかけて、いつどこに行き、何を見て、何を食べるか、こまかく計画表にまとめるんだ。

何度も頭の中でシミュレーションしてね。ボクにとってありがたいのは、現地に行ったら妻のあとをついていくだけでいいことだね。名所を見逃すことはない」

石丸から笑みがこぼれた。

「旅行先では、奥様が作った計画表どおりに行動するんですか？」

と、麻衣子が聞いた。

「そこがちょっと違うんだ。妻は計画自体は綿密に立てる。しかし、実際の旅行先ではかなりいい加減なんだ。時間も気にしないし、雨が降れば３カ所の予定を１カ所にすることもある。ただ**あらかじめ行きたい場所の優先順位を決めているから、いちばん行きたい場所には行ける。**だから後悔することはないんだ」

（優先順位か。今旅行ができるとしたら、あれもこれもと、欲張って予定を詰め込んでしまいそう……）

石丸は子どものような笑顔を浮かべて幕の内弁当のふたを開いた。

「これはまた、格別だ」

と言って、ウズラの卵を指でつまんで口に入れた。

「ボクはね、家計の予算も、旅行のスケジュールも、目的を達成するという意味で、同じようなものだと思っている。現地に行ってから行き先を決めればいい、なんて考えていると、いちばん観たいものが観られず、いちばん食べたいものが食べられないはめになり、旅行の目的がはたせない。

家計もまったく同様で、予算を立てずに生活を続けると、お金は羽が生えたように消えていく。そんなふうに無計画に使った金額を家計簿に書き留めたところで、なんの意味もない。**大切なのは、将来の目標を立て、その目標を達成するように予算を決め、実行に移すことなんだ**」

「えーっと……、最初に計画を立てるんですね。計画を立てながら優先順位を決めていく」

「そうだね。**予算は計画を金額に置き換えたものだから、計画を立てずに予算を設定しようとしてもうまくいかない。**計画の裏づけのない予算は、なんの役にも立たないと言っていい。予算はむずかしいんだ」

「予算」という言葉が出てきて、麻衣子は手帳をめくった。サンドウィッチ片手にさっきメモした「4つの表」を見るともなく眺めた。

（予算という言葉が並んでいる……）

第1の表：昨年の収支実績
第2の表：1年間の予算と実績
第3の表：1カ月の予算と実績
第4の表：生涯収支

「お金がかかる」ではなく、「お金をかける」


「予算って、そんなにむずかしいのですか？」

麻衣子は不思議に思った。家計の予算なんて前年や前月の実績をもとに作ればいい、と思っていたからだ。

「たとえば去年の家計簿を参考に、ふだんの家計費をチェックすれば、簡単にできそうですけど……」

すると石丸は首を左右に振った。

「では、予算の考え方を教えよう。まず、**①やりたいこと、かなえたいことを決める。**これが計画だ。次に**②その計画にどれだけの現金が必要になるか計算し、支出予算に組み込む。③収入予算から支出予算を引き、マイナス（赤字）にならないように調整していく。**これが予算なんだ」

石丸は強調した。

「つまり、**お金はやりたいことのために使うものであり、予算とはそれを実現するために組むものだ**」

（やりたいことを実現するための予算！）

一瞬ワクワクしたが、すぐに冷静になった。

（やりたいことからお金を使ったら、必要なお金が残らない。石丸さんの言う予算って、余裕がある人のためのものじゃない？……）

がっかりした麻衣子の表情を見て、石丸は続けた。

「君が過去に作ってきた予算は、おそらく少々つまらないものだったのかもしれないね」

（つまらないもの……。予算を組んでいて楽しいかつまらないかと考えたことはなかったけど、これまで立てた予算はいつもギリギリで、苦しい気持ちになっていたのはたしかだ）

麻衣子は思いきって本音を口にした。

「予算にやりたいことのための支出を組み込めるのは、お金に余裕がある人ではないでしょうか。最低限かかるお金だけで精いっぱいなうちのような家計は、石丸さんがおっしゃる『やりたいことを支出予算に組み込む』なんてことはできないんです」

続きの言葉は呑み込んだ。

（あなたのようなお金持ちには、わからないと思いますけど……）

石丸は、麻衣子の心のうちをすべて見通したかのように、深くうなずいた。そして、にっこり笑って言った。

「意思の問題なんだ。夢をかなえる人は、かならずかなうと思っている。やりたいことを実現する人は、実現すると信じている」

と禅問答のようなことを口にしたあと、こう続けた。

「まず、言葉を変えてほしい。言葉を変えると意識が変わるからね。お金が**かかる**、という言葉をやめるんだ。どんなに必要な経費であっても、お金を**かける**、という言葉に直してほしい」

「かかる、ではなくて、かける……」

「予算は『かける』『かけたい』という能動的な気持ちで作っていくものなんだ。夢をかなえるための予算だ。優先順位を決め、優先順位の高いものからお金を使えるよう支出予算を組む。

漫然と『食費はこれくらいかかる』『光熱費はこれくらいかかる』とやっていてはダメだ。ゼロベースで、『食費は○○円かけたい』と能動的に考えていくんだ」

夢をかなえるためにお金を使おうじゃないか

「どんなに家計がギリギリでも、ですか？」

「そうだ。赤字を黒字にするやり方はあとで教える。でもまず第一に、やりたいことを決める。夢や目標を決める。これが決められないのは、家族の価値観が定まっていないということなんだ。大問題だよ」

石丸は真剣なまなざしで麻衣子を見た。

「君の夢を教えてほしい。**人生は有限だ。一生で使えるお金も有限なんだ。一度きりの人生、夢をかなえるためにお金を使おうじゃないか**」

熱意がこもった言葉に、麻衣子はハッとした。

（私は旅が好きだった。知らない街を訪れ、日常から遠く離れた場所で、その土地の風を感じることが、何より好きだった。今も好きだ。宝石やブランドのバッグが欲しいとは思わない。でも、年に一度でも、一泊でもどこかに旅に出られたら、どんなに幸せだろうか）

石丸は静かに言った。

「だれにでも人生で大切にしたいことがある。家計管理の目的はそれをかなえること。だから、**予算にはその人、その家の価値観が反映されていなければならないのだ**」

「その家の価値観が反映されている予算……」

「そうだとも。支出項目に、家族それぞれのやりたいことや夢が反映されているかどうか。これがポイントだ」

麻衣子は深くうなずいた。

（予算を考えることは、自分の価値観と向き合うことなんだ）

石丸は麻衣子に、やさしく語りかけた。

「日々の生活で疲れていると、明日のことをじっくりと考える余裕がなくなるかもしれない。しかし、君にはやりたいこと、かなえたいことがあるはずだ」

麻衣子は、目をとじて未来へと想像をめぐらせてから、話し始めた。

「まず、娘にじゅうぶんな教育を受けさせることがいちばんの願いです。本人が望むなら私立中学に進学させたいし、習い事も続けさせたい。それから……できれば年に一度は家族旅行をしたい。そしていつかは、自分たちの家を買いたいです」

「素晴らしい目標じゃないか。で、そのために何をしているんだね？」

「特には何も……。そんな余裕はありませんから」

「それはどうかな。君はそう思い込んでいるだけじゃないだろうか。目標を実現するために、今日、何をなすべきかを考えたことはないのかね」

突き放すように言われて、麻衣子はさっき石丸が教えてくれたドラッカーの言葉を思い出した。

プランニングにおいて重要なことは、明日何を行なうかを考えることではない。明日のために今日何を行なうかを考えることである。

「……少しですけど、在宅でデザインの仕事をしています」

と、麻衣子が答えた。

「それもひとつの解決策だ。だが、君が稼いだいくばくかのお金は、娘さんの習い事や赤字の生活費の補塡で消えてしまうのではないかな。それだけではキリギリスのような生活から抜け出すことはできない。夢を本気でかなえたいなら、明日のために今日何をおこなうべきかを、本気で考えなくてはならないよ」

価値の高いものに支出を集中させる

（そんなこと言ったって、決してぜいたくしているわけじゃないのに。娘の習い事や教育費は削りたくないけど、夫の給料が増えるわけじゃない。そのうえ夫はいきなり都内のマンションを買いたいだなんて言い出すし……。八方ふさがりで私だけの力じゃどうにもならないんだから)

「じゃあ、いったいどうすればいいんでしょうか」

麻衣子は思いあまって聞いてみた。

「お金を上手に使うんだ。君は、旅行ができないのも、マンションの頭金がないのも、収入が低いせいだと思っているようだね。だが、それは違う。家計が**赤字から抜けられないのは、収入が低いからではなく、お金の使い方がまちがっているからなんだ。予算を組む目的はお金の使い方をじっくり考えることにある**」

石丸はしばしの沈黙のあと、こう切り出した。

「今後収入が増えたとしても、使えるお金は限られている。だからこそ**価値の高いものに支出を集中させなくてはならない。**そして何に価値を感じるかは、家庭ごとにまったく異なるんだ」

麻衣子はつぶやいた。

「予算って、数字じゃないんですね。家族の夢が詰まっている計画表であり、目標を達成するための設計図……」

「そのとおりだよ。先に夢やかなえたいことがあり、そこに数字を合わせていく。数字はあとなんだ。その順番をまちがえてはいけない」

予算のポイント

さらに、石丸は続けた。

「しかしながら、もちろん数字も大切だ。予算の金額は、ハードルが高すぎてもダメだし、低すぎてもダメなんだ」

石丸はノートをめくった。

「ここを読んでごらん」

麻衣子は、そこに書かれた文字を目で追った。

目標は難しいものにしなければならない。はやりの言葉でいえば、背伸びさせるものでなければならない。だが可能でなければならない。＊

石丸は言った。

「予算は簡単すぎても、むずかしすぎてもいけない。努力すれば達成可能なものでなくてはならない。この塩梅が大切なんだ」

石丸は万年筆を胸ポケットに挿して立ち上がった。そして、空になった幕の内弁当をビニールの袋に入れると、「ちょっと失礼する」と、袋を持って席を離れた。

(これまで私が考えていた予算は、家族の価値観が反映されていなかった。それだけじゃなく、不可能なことを目指したり、逆に自分に甘すぎたりしたのかもしれない……)

麻衣子は石丸の言う「予算の重要性」がわかってきたような気がした。予算とは、夢を実現するための一里塚なのだ。だからこそ予算の数値は意味のある、野心的な、そして、達成可能なものでなくてはならない。

麻衣子にやる気がわいてきた。

＊『明日を支配するもの』(P・F・ドラッカー著　上田惇生訳　ダイヤモンド社)

麻衣子さんの手帳メモ

- やりたいことの優先順位を決める。
- 支出予算はやりたいことから割り振る。
- お金が「かかる」ではなく、お金を「かける」へ。
- いい予算には家族の価値観が反映されている。
- 予算は、簡単すぎても、むずかしすぎても
  いけない。努力すれば達成可能なものに。
- 夢をかなえる予算を作る。

やりたいこと、夢、
価値が高いと思うものに
支出を集中させる!!

コラム③ やりたいことを真剣に考える

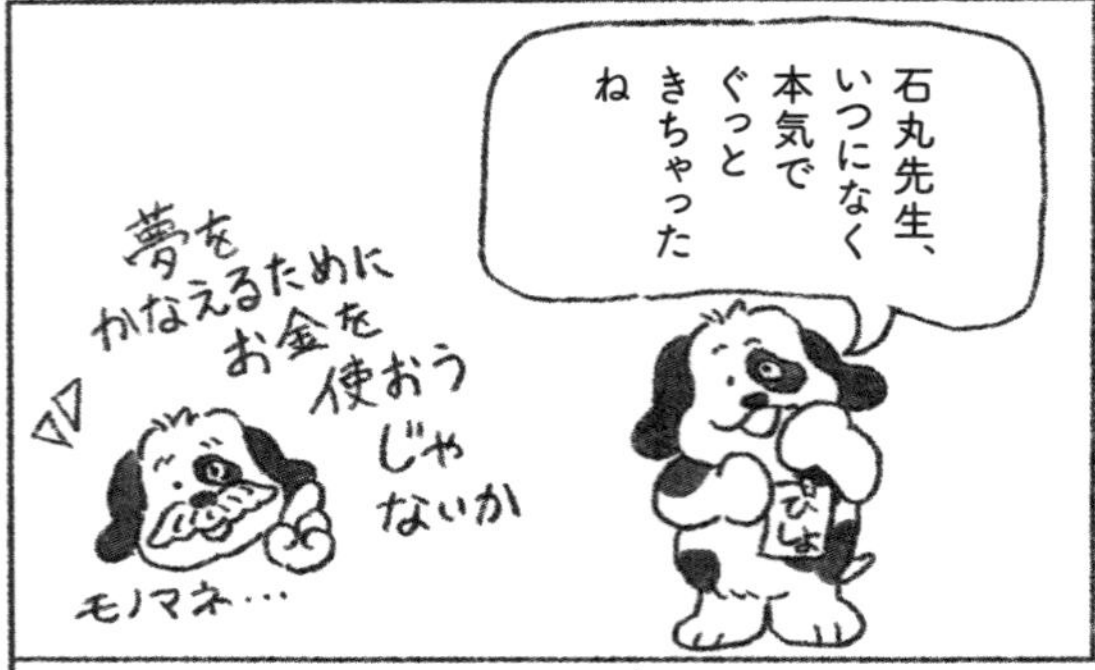

読者のみなさんも

やりたいことの優先順位

を考えてみよう！

それによって支出予算を決めるんだ

本と映画が大好き

・動画配信サブスク　1500円
・教養費　1万円
（書籍、映画鑑賞、美術展鑑賞）
を毎月予算化して、
芸術を楽しんでいるよ

美容大好き

・コスメ代　5000円
・ネイルサロン代　7000円
を毎月予算化

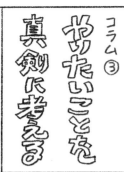

子どものサッカーを熱烈応援！
・サッカー費　2万円
部費、差し入れ代、遠征代、ウエア購入費などを一括で毎月予算化
先輩のシバさん
シュート！
ガンバレー
価値観が反映されていればOK
同じ10万円でも、食費に10万円使う家もあれば、食費は4万円で教育費に6万円使う家もある
し・あ・わ・せ
ぴよ
自分や家族のやりたいこと、大切にしていることを書き出して、優先順位をつけよう
これが、予算編成のトレーニング
真剣！
私：旅行
夫：おいしい外食
子ども：カフェめぐり
予算は自由だ!!
ぴよ

第４講

預金は義務なんだよ

ふたつのリスクに備える

13時ちょうど、新大阪。

麻衣子のスマホが振動した。夫の航平からだった。麻衣子は太鼓腹に両手をのせて寝入っている石丸を起こさないように、静かに席を立ってデッキに移動した。

「さっき下関のお父さんに電話を入れたら、君が今日下関に来ることは聞いてないって。どういうことなんだ」

航平は明らかにいらだっていた。

「母には伝えてあるから」

麻衣子は曖昧《あいまい》に答えた。

「頭金、本当に大丈夫だよな。あのマンションはかなりの人気なんだから」

麻衣子が何も答えずに黙っていると、航平は少し声を荒らげた。

「麻衣子、ちゃんと聞こえてる?」

「聞こえてる。なんとかするから」

そう答えて、麻衣子は電話を切った。

収入が少なくても預金は義務

座席に戻ると、石丸は本を読んでいた。

「ひとつ質問したいのだが」

石丸は読みかけの分厚い本を閉じた。

「世の中には、毎月かならず預金をする人と、預金をまったくしない人がいる。君はどちらかな」

「情けないことに……預金はほとんどできていません」

麻衣子は正直に答えた。

「では、もうひとつ質問しよう。お金を貯めることが人生の目的という人がいる。君はどう思うかな」

「うーん。それができるなら、うらやましい話かもしれません」

「本当にそう思っているのかね」

石丸は麻衣子のほうに向き直り、こんな話を始めた。

「ボクが君に聞きたいのは、金持ちになることが人生の目的になりえるか否か、ということなんだ。ボクはそうとは思わない。ひたすらお金を貯めてお金持ちになることを目的とすれば、人生はつまらなくなる。大切なのは、お金持ちかどうかではない。充実した人生を送ることなんだよ」

お金持ちかどうかは重要じゃない……？

麻衣子は少し気がラクになったが、石丸の厳しい言葉によってすぐに打ち砕かれた。

「とはいえ、預金をするなと言っているのではない。むしろ預金は絶対に必要だ。**収入が少なくても、預金は生活する者にとっての義務なんだよ**」

石丸は笑みを浮かべて言った。

（義務だなんて言われても、家計に余裕がなきゃ預金をするなんて無理じゃないの）

「君の家庭では毎月の収入をすべて使ってしまう。あまったら預金にまわしたいのはやまやまだが、収入も多くないしぜいたくはしていないから預金ができなくてもしかたない、と思っているはずだ」

麻衣子は黙ったままうなずいた。

「ところで、独身時代、君はいくら預金があったんだね？」

石丸は突然、話題を変えた。

「300万円くらいです」

「そのころの手取りは？」

「月に18万円くらいだったと思います」

「おお、たいしたものじゃないか。で、なぜそんなに預金ができたんだろうね」

「学生時代から少しずつ貯めていましたし、ボーナスはすべて預金しました。趣味は貧乏旅行、住んでいたのは安アパートでした。いつか1カ月くらいかけて世界一周旅行をするのが夢で、コツコツ貯めていたんです」

麻衣子ははっきりと答えた。

「なるほど、君には確固たる目標があったんだね」

麻衣子は大きくうなずいた。

「でも、結婚して、子どもも生まれて、夢が遠のいちゃいましたけど……」

「君は20代の若さで300万円も貯められた。だが、結婚して10年あまり経った今、毎月の預金額はゼロだ。この違いはなんだろうね」

石丸はあごに手をあてて聞いた。

「独身のころはひとり暮らしでしたし、食費も住居費も安かったので。でも、今は夫の収入がメインで家族3人暮らしだし、子どもの習い事や塾代もとても高いんです……」

だから、お金は羽が生えたように消えていく、と麻衣子は言った。


「ということはだ、もしも君が独身時代に好きなものを食べ、いい家に住み、習い事をしていたら預金はしなかった、ということかね」

「そんなことはありません。やはりしていたと思います。というか、世界一周旅行という目的があったので、それ以外のところでぜいたくをしようとは思いませんでした」

麻衣子が答えると、石丸は満足げにうなずいた。

「独身時代の君には、世界一周旅行という明確な目標があった。しかし、今は目先のことばかりにとらわれている」

そのとおりだった。3人暮らしといっても、独身時代にくらべれば収入はかなり多い。それなのに、今月のやりくりに追われて、来月のことにすら頭がまわらない。家計の赤字を埋めるために、せっかく貯めた300万円の預金も取り崩してしまった。

（こんなはずじゃなかったのに……）

貧しくとも夢があった若き日々を思い出し、麻衣子は無性に悲しくなった。

預金が「義務」であるふたつの理由

石丸が口を開いた。

「**君が預金できないのは、預金が必要な理由が曖昧だからだ。**つまり、人生の設計書がないんだよ。だから、収入が少ないとか、生活費がかかるとか言い訳して、お金を使いきってしまう。グチをこぼしながら、キリギリスのように、その日暮らしの生活を送っている」

辛辣《しんらつ》な言葉だった。だが、麻衣子は素直に石丸の意見を受け入れることができた。石丸の言うとおりだったからだ。

「もう一度考えてみようじゃないか。なぜ、預金が必要なのか。まず君にはかなえたいことがあるし、夢もある。子どもには高い教育を受けさせたいし、いずれ自分たちの家も購入したい。そのうえ、老後の蓄えも欠かせない。3大支出には預金で対応するしかない」

「そのとおりです」


「それだけじゃない。君もボクも明日の運命すらわからないんだ」

と言って、石丸はこんな例をあげた。

「君のご主人が会社をクビになったり、病気で長期入院せざるをえなくなったり、思ってもいなかった交通事故に巻き込まれたりしたら、君はどうするつもりだね」

そうなれば、毎月の収入が途絶えてしまう。

「私が働くしかありません」

麻衣子が答えると、石丸は首を大きく左右に振った。

「仕事が見つかるまで、どうやって生活するんだね。蓄えがなければ、親や友人を頼るか、借金するほかない。少なくとも生活を立て直す期間、食べていくだけの蓄えは必要だよ」

たしかにそうだ、と麻衣子は思った。


「ボクが預金は義務と断言する理由を整理しておこう。

ひとつは、**将来のリスクへの備え**だ。将来はだれも予測できない。どんな人も長い人生、一度や二度は不測の事態に遭遇するものだ。そんなとき、預金は強い味方になってくれる」

石丸の説明に、麻衣子は素直にうなずいた。

「それからもうひとつ。**人生の転換期への備え**だ。今後君たちは何度もの転換期に遭遇する。子どもの進学、家族の大病、親との別れ……。もしかしたら突然起業したり、海外に移住したりする可能性だってある。こうした節目をきっかけに、君たちの人生は大きく変わり、かならずお金が必要になる」

麻衣子は神妙な面持ちで石丸の話に耳を傾けた。

「予期せぬ出来事が起こったときに、安易にキャッシングをして借金生活から抜け出せなくなり、負のスパイラルに陥った人を、ボクはたくさん見てきた。なかには100万円、200万円がないばかりに、追い詰められて命を絶った人もいた……」

石丸は窓の外の遠い山なみをしばらく眺めた。

トンネルに入ったところでこちらに向き直った。

「とはいえ、君たちを含めて備えができている人は多くはない。そして備えるべき金額は家庭によって違うだろう。預金の習慣がないならば、まずは1万円でいい。1万円が無理なら5000円でいい」

「5000円でいいんですか?」

(5000円ならできるかもしれない……。でも、きっとこれでは家族全員のじゅうぶんな備えにはならなそう)

石丸はもう一度言った。

「5000円が無理なら1000円でもいい。**給料をもらったらまず先に預金をする。**この習慣を体に覚えさせるんだ」

「わかりました。振り返ってみると、独身時代は天引きで貯めていたので、思い出してやってみます!」

麻衣子さんの手帳メモ

- 預金は義務。
- ①将来のリスクと、②人生の転換期への備えのために、預金をせねばならない。
- 預金額は、毎月5000円でも1000円でもいい。ただし給料をもらったらすぐ、先に預金する。

生活する者にとって
預金は義務!

コラム④
先に貯めよう
預金は義務。給料もらったら、即預金！
こんにちは〜
預金のコツは、
先取り&自動
です
定期預金の定額自動積立がベスト
給与等の入金口座を総合口座にして、毎月決まった額を積み立てよう。
給与
1000
5000
10000
BANK
総合口座
定期積立
自動で積み立てになるので知らないうちに貯まっている
目的別貯蓄（教育、家、旅行など）として自動積立ができるサービスもあるよ
住信SBIネット銀行の目的別口座、西日本シティ銀行のつみたて（目的貯蓄）、GMOあおぞらネット銀行のつかいわけ口座など
何のための貯金かわかりやすいね！
無理な金額設定だと続かないから、まずは少額から！5000円とか1000円とかね！
5000
1000
チリも積もれば山となる

第５講

いちばん高コストなのは時間なんだ

時間、モノ、空間の無駄を意識する

13時15分、のぞみは新神戸駅をゆっくりと離れた。

石丸は話し疲れたのか、いつのまにかふたりの会話は途絶えていた。麻衣子は外の景色を見つめながら、思いをめぐらせた。

結婚してからというもの、自分の洋服はセール品以外買ったことがないし、食品や消耗品はできるだけ安い店で購入している。レジャーだって日帰り旅行がいいところだ。

いわゆる無駄づかいとは無縁の生活なのに、なぜ毎月ギリギリの生活になってしまうんだろう。

この世でもっとも高額なのは「時間」

「ああ、やはり次は飛行機にしよう」

突然、石丸が声をあげた。

「ふだん岡山から西に出張するときは飛行機を使うことにしているんだ。だが、クライアントから、山陽新幹線の車窓の魅力を力説されてね。明石海峡大橋、淡路島、瀬戸内海、姫路城、岡山城、福山城、広島城、周南市の工業地帯……。たしかに見どころは多いが、乗車時間がこれほど長いとは思わなかった。飛行機なら2時間もかからないからね」

東京から博多まで、のぞみで5時間かかる。このことを石丸は「時間がもったいない」としきりに悔しがった。

「たった3時間の違いが、それほど重要ですか?」

「たった3時間、だって? とんでもない。この世にタダのものはない。あらゆるものに費用がかかっているんだよ。なかでも、時間はもっとも高額だ」

石丸はこう言うと、さらに驚くような話を続けた。

「もしも、ボクがこの3時間を仕事に使ったとしたら、少なくとも30万円は稼げたはずだ。つまり、ボクは運賃のほかに、30万円の費用をかけて新幹線に乗ったことになる」

麻衣子は、3時間で30万円稼ぐと豪語する石丸に対し、目を丸くした。

「こんな話をすると、ボクのことをカネの亡者のように思うかもしれないね。もしもそう感じたとしたら、それはボクの本意ではない。君に時間の価値を知ってほしいんだ。

君は時間はタダだと思い込んでいるだろう。だが、そうではない。

たとえば、少しでも安い品物があれば、多少遠出をしても安い店で買うという人がいる。

だが、**時間そのものに費用がかかっていることを理解すれば、わずか100円安く買うた**

めに、30分も時間をかけることが正しい判断なのかどうかは、簡単にわかるはずだ」

石丸の言っていることは理解できる。しかし、それは石丸のように1時間で10万円も稼ぐ人の発想で、自分のような庶民には当てはまらない、と麻衣子は思った。ところが、次の話題に移ると、麻衣子は石丸の話にだんだん引き込まれていった。

1時間あたりの家族の満足度を上げる

「君は、読書は好きかな?」

子どものころは部屋に閉じこもって本ばかり読んでいた。今だって、時間がゆるせば1日中本を読んでいたい。麻衣子はそのことを石丸に告げ、

「今は雑用が多くて……。食事の準備と後片づけ、洗濯、掃除、娘の習い事の送り迎え、買い物で1日が終わってしまうんです」

と続けた。

「ふむ。時間が足りないから不本意にも本を読めなくなった、と言うんだね。だが、実際

には貴重な時間を無駄に使っているから、じゃないのかね」

「無駄だなんて……本当に忙しいんです」

石丸は家事が無駄だと言うのだろうか。麻衣子は反発したくなった。

「君は目先の用事に振り回されているんじゃないかな。だから、無駄だと感じないんだ。時間を上手に使う人は、自分の時間が何に使われているのか、常に注意を払っている。そして価値をもたらさない時間を意識して排除し、節約した時間をひとつにまとめて自分のために使っているんだよ。君だって、少しの工夫で毎日1時間程度の自由な時間を自分のものにできるはずだ。その時間は、読書をしてもいいし、ゆったりコーヒーを飲んでもいい。健康維持のためにヨガをするのもいいだろうね」

なるほど、と麻衣子は思った。だれにとっても1日は24時間だ。その時間の価値を意識するかどうかで、使い方はまったく異なってくる。

家事を効率よくすませれば、1、2時間程度の余裕はできそうだ。読書や運動だけでなく、増やした自分の時間を仕事に使えば、お金に換えることもできる。目からうろこが落ちた思いがした。

「限られた1時間を自分がもっとも価値をおいているものに集中させられたかどうかで、幸福度が決まるんだ」

石丸の言葉に、麻衣子はうなずいた。

「お金と同じですね。自分にとって価値の高いものから予算を割り振る……」

「そのとおり！　ボクが教えている管理会計の目的は、時間あたりの生産性を上げることだ。生産性を家庭に置き換えると、自分や家族の満足度と考えられる」

石丸はノートに次のように書いた。

会社↓ー時間あたりの生産性を上げる

家庭↓ー時間あたりの家族の満足度を上げる

「つまり家計管理の真の目的は、満足度を上げることにあるんだ。『正しい家計管理』ができるようになると、時間あたりの満足度は格段に上がる。時々コンサルの仕事で工場を見に行くが、業績の上がらない会社は例外なく時間を無駄にしている」

麻衣子は内省してこう言った。

「時間の無駄づかい……。お金のことは四六時中考えているけど、時間についてはほとんど考えたことがありませんでした」

「この世にタダのものはないが、**いちばん高コストなのは時間**なんだ。時間は買えないし、貸してもらうこともできない。ためておいてあとから使うというのも不可能だ。でもだれもが平等に持っているのも時間だ」

石丸は続けた。

「これまで多くのお金持ちに会ってきたが、みんなが幸せで満足した人生を送っているわけではない。人生の満足度が低い人をよく観察してみると、価値を感じることに時間を使えていないことがわかる。何に価値を感じるかは人によって違うから、まず自分が何を求めているかを知ることが大事なんだ」

麻衣子はあらためて自分の時間の使い方を振り返った。

（「忙しくて本が読めない」って嘆いているけど、スマホを開いてたいして見たくもないSNSをだらだら見ることも多い。うーん……）

冷蔵庫の中にはお金がいっぱい

「君の家の冷蔵庫は、たくさんの食品であふれているだろうね」

「どうしてわかるんですか？」

唐突な質問に戸惑いながら、麻衣子は聞き返した。

「独身のころ、ボクはスーパーでお買い得の食品を見つけると、何も考えずにポイポイかごに入れて、冷蔵庫に入りきらないほど買っていた。おかげで野菜や果物を腐らせてしまったことは一度や二度ではなかった。安いはずの買い物が、結果として割高になったということだ。結婚すると、妻は冷蔵庫の掃除を始めた。そうしたら期限がすぎた食品が山ほど見つかったんだ」

麻衣子も独身時代の石丸と同じだった。家の冷蔵庫はいつも食品で満杯だ。節約のためと安売りの食品を買ってきては、冷蔵庫の隙間に詰め込む。そして、食べきれなかった食品を捨てる。

「ボクたちは大安売りに弱いものだ。だから、ついつい買いすぎてしまう。それに、おなかがすいているときは、買わなくてもいいものまで買ってしまう。だがね、**冷蔵庫の中にため込んだものは、食品に形を変えたお金なんだ。**なのに、期限がすぎたら、惜し気もなく捨ててしまう。大事なお金をね」

麻衣子は、頭にガツンと一撃を食らったような気がした。

「お金がない、節約しなきゃ」と思いながら、消費期限をすぎた食品は、ためらうことなく捨てているのだ。

「たしかにそうです。安いからとたくさん買っても、うまく使いきれない。その結果、古くなったものを捨てて……では、なかなかお金は貯まりませんね」

麻衣子は肩を落とした。

「〝古くなったもの〟ではなくて、お金を捨てているんだ」

たしかにそのとおりだ。お金で買ったものを捨てているわけだから、お金を捨てていることになる。

「うちの冷蔵庫には、せいぜい2日分の食材しか入っていない。妻は常に賞味期限を確認して、その期限内で食べきれるだけしか買わない。それで食費はずいぶん減ったね。驚いたことに、節約できたのは食費だけではなかった。冷蔵庫の中がスッキリしてからは、電気代も減ったんだ。妻のおかげで、食費も電気代も少なくなった。無駄をなくすとは、こういうことなんだ」

（冷蔵庫の中だけではなく、買い置きのお菓子や乾麺、缶詰も必要以上に多いかもしれない）

麻衣子は家の食品在庫を振り返って、あれがすべてお金だったとしたら、いくらあるんだろう……と想像してみた。

親子3人、3LDKはぜいたくすぎる!?

「ボクたちは知らず知らずのうちに、無駄を重ねている。だが、無駄のなかで暮らしていると、それが見えないんだ。**お金を貯めるには、生活に組み込まれていて気づかない無駄を、ていねいに取り除かなくてはならないんだよ**」

たしかに、食費の無駄は多いかもしれない。しかし、多少の無駄をなくしたところで、それほど大きな違いになるのか。麻衣子は石丸の話を少し大げさにも感じていた。

「うちの食費は月に7万円くらいです。たとえばこれを１割節約しても、７０００円にしかなりません」

麻衣子は疑問をぶつけた。

「君の家計では食費くらいしか削るものがない。その食費を多少削ったところで、たいした金額ではないと言いたいんだね。ところがそうではないんだよ。君は無駄にまみれて生活しているから、何も見えていないんだ」

石丸は冷たく言った。

「ほかにどんな無駄があるっていうんですか？」

麻衣子が聞くと、石丸からこんな質問が返ってきた。

「今、君が住んでいる家の広さはどのくらいなんだね」

「３ＬＤＫです。と言っても、リビングと寝室と子ども部屋、それに物置がわりの小さな部屋があるだけで。70平米くらいの、ごくふつうのマンションです」

すると石丸は目を丸くして言った。

「ぜいたくだね」

「そんなことはありません」

麻衣子は、石丸が何か誤解しているのではないかと思った。３ＬＤＫといっても、各部屋は決して広々としているわけではない。

「その物置がわりの小さな部屋は、おそらく服や本でいっぱいなんだろうね」

「おっしゃるとおり……夫や私が独身のころに買った服、昔読んだ本、それから子どもの服やおもちゃを置いています」

「つまり君たちは、何の価値ももたらさない本や服を保管するためだけに、１部屋分の家賃を支払っている。これをぜいたくと言わずに、なんと言えばいいんだね」

石丸は、麻衣子を皮肉った。

「ボクだったら、使わない服と本は処分し、空いたスペースに、座り心地のいい椅子か小さめのソファを置くね。そこで読書をして、疲れたら昼寝をする」

「本や服を捨てるなんてもったいない……、と思っていました」

と、麻衣子はポツリと言った。

「**不要なモノに場所代をかけることのほうがもったいないんだ。**モノを処分してその部屋がいらなくなれば、もっと家賃が安いところに移ることができる。そうすれば、家計はグッとラクになるはずだ」

たしかに、荷物さえなければ、2LDKでもじゅうぶん暮らしていける。無駄は食費だけでなく、毎月かかる家賃にもあったのだ。

「時間、モノ、空間。
これらはお金が形を変えたものなんだ。特に時間はお金よりも大事だ。
だから、絶対に無駄にしてはいけないんだ」

「時間、モノ、空間……」
麻衣子はあらためて、みずからの無駄を考えてみた。

麻衣子さんの手帳メモ

- 時間がいちばん高コスト。
- 1時間あたりの満足度を上げる。
- 食品を買いすぎて処分するのは
お金を捨てているのと同じ。
- 不要なモノに場所代をかけるのはもったいない。

時間、モノ、空間の無駄を
考えてみること。

コラム⑤
無駄を取り除く
あなたのおうちも、使わないモノであふれてないですか？
ギュウギュウ
ぎっしり
石丸先生によると、在庫管理は会社の経営状態と大きく関わってるんだって
会社
在庫
お金
在庫は、お金に換える
家庭
モノ
カレー
満足度
モノは、満足度に換える
この交換にはある程度のスピードが必要。交換スピードが遅すぎると価値が下がる。商品は劣化するし、モノだって時間が経つとくさったり着たくなくなったりする。だから早めに消費して「満足度」に換えよう。

時間はお金より大切
時間の無駄には特に目を光らせよう
時間の無駄に気づくには、
時間簿
をつける
友だちのブルちゃんが時間簿をつけてみたよ
何に何時間使っているかな
仕事8時間
(仕事中のネットサーフィンに2時間)
子どもと会話30分
通勤45分
買い物45分
家事・食事・入浴4時間
睡眠5時間
スマホに5時間
(SNS・Youtube ほしい洋服をだらだら検索 ドラマをみる)
読書ゼロ
ギャー!インターネットに7時間も吸い取られてた～!!
立派なスマホ中毒者
ブルちゃん改革案
やりたいことの優先順位を意識
・本を読みたい
・ヨガをやりたい
・子どもとゆっくり話したい
・7時間は寝たい
脱スマホ作戦
そのために
作戦② 目覚まし時計を買う(寝室にスマホを持ち込まない)
作戦① 帰宅後、食品庫の奥で充電し、そこから動かさない
冬寒い 夏暑い
たったこれだけで、やりたいことがすべてかなった♡
時間簿すごい!
本も読める
7時間眠れる
子どもとゆっくりおしゃべり

第6講

そろそろ作業を始めよう

4つの表を作る

13時47分、のぞみは岡山駅に到着した。

麻衣子が手洗いに立つと、ちょうどデッキに車内販売のワゴンが通りかかった。飲み物と銘菓のセットをすすめられ、ホットコーヒーともみじまんじゅうのセットをふたつ買い、席に戻った。

「お約束の授業料です」

麻衣子が笑って差し出すと、

「おお！　これはこれは生もみじではないか。どうもありがとう」

と石丸は相好を崩した。

しばしのあいだ、コーヒータイムを楽しんだあと、石丸は唐突に切り出した。

「ボクの趣味がダイエットというのは、さっき話したね」

ダイエットをしている割には、おいしそうに弁当をたいらげていたし、今だってもみじまんじゅうをぺろりと食していたが……。

「かれこれ30年は続けている。君はどうかな」

「体重が増えたときに、食事を減らすくらいでしょうか」

「ダイエットはね……深いんだ」

「深い？」

「ダイエットにはお金の哲学が詰まっている」

「お金の哲学ですか？」

「そうだ。たとえばダイエットの本来の目的は、食事や生活習慣を変えて健康になることだ。ただやみくもに体重を落とせばよい、というものではない。しかし、多くの女性たちは、もっとやせてきれいになりたいという目的でダイエットをする。そこで無理な食事制限をすると、逆に肝心の健康を害してしまう。


家計も同じなんだよ。**まちがった節約は、家計を不健康にする。**家庭から笑いが消え、とげとげしさが頭をもたげる。それでは本末転倒だ。正しい家計管理とは、家族が幸せに、安心して暮らしていくためのものだからね」


石丸は続けた。

「家族が幸せでいるためには、必要な支出を削るような暮らしはいけない。一般的な家計術の本では、支出を固定費と変動費（あるいは流動費）に分けて、変動費を削りましょう、などと書いてあるだろう」

「はい。そういうの、何かで読んだことがあります」

「しかし、変動費、つまり食費や光熱費、日用品費に狙いをしぼった節約をしても、成果は微々たるものだよ」

たしかに、食費を減らすために具なしパスタを食べるような生活は、本末転倒だ。日々の生活が楽しくないし、それこそ栄養バランスが崩れて病気になってしまう。電気代の節約のために寒い日や暑い日にエアコンをガマンするような生活も、やはり幸せな暮らしとはほど遠い。


「グレープフルーツダイエットやゆでたまごダイエットなど、極端なダイエットはうまくいかないし、第一続かない。極端なダイエットに走った結果、リバウンドする例は枚挙にいとまがない。ダイエットの成否を分けるのは、**①自分に合った方法で、②無理なく続けられる**。この2点につきる。家計管理も同じだ。自分の家庭に合ったやり方で、無理なく続けられるものでなくては成果が出ない」

石丸の話を聞いて、従来の節約方法ではうまくいかないし、家族の幸せにもつながらないことがよくわかった。

麻衣子はここまでの手帳のメモを見返してみた。

- **財産目録を作る。**
- **生涯収支を出してみる。**
- **夢をかなえる予算を作る。**
- **預金は義務。**
- **時間、モノ、空間の無駄を徹底的に省く。**

ここへきて、「まちがった節約はよくない」という話も出てきた。

石丸のこれまでの主張は、すべて納得できるし、腑に落ちるものだったが、何から手をつけて、自分の家計管理をどう変えたらいいのか、麻衣子は見当もつかなかった。

4つの表の記入法

麻衣子の心を見透かしたかのように、石丸は口を開いた。

「そろそろ具体的な作業について教えよう。前に話した４つの表のことを覚えているかな」

「はい」

「君は家計簿が続かなかった、と言ったね。その理由は、漠然とした意識で家計管理をしようとしていたからだ。４つの表のそれぞれの意味を知り、正しい家計管理を身につけて、お金に振り回されることのない人生を送ろうじゃないか」

石丸はノートをめくって先ほど書いた４つの表の種類を示し、そこにメモを書き加えながら話し始めた。

第1の表：昨年の収支実績
第2の表：1年間の予算と実績
第3の表：1カ月の予算と実績
第4の表：生涯収支

「これらが完成すれば、君の家計はかならず黒字になり、預金ができるようになる。すでに説明したこともあるから、気軽に聞いてくれればいい」

第1の表▼「昨年の収支実績」（124ページ）

第1の表は、家計の無駄を洗い出し、家計を改革することが目的だ。その材料として、「過去1年間、どのくらい収入があって、どんなことにお金を使ってきたか」をできるだけ正確に記入していく。家計簿をつけている人は比較的容易に作れるが……君は続かなかったんだね。

家計簿をつけていない人は、まず1カ月家計簿をつけて月間の家計を書き出す。それに旅行、帰省、冠婚葬祭、税金（固定資産税や自動車税など）、保険料、誕生日などのイベントに使ったお金を加えて、昨年1年間の収入と支出を書き出していく。収支を月間ではなく年間で見なければならないのは、月次ではない支出や、ボーナスなどの特別な収入があるからだ。

でき上がった昨年の収支実績をじっと見つめて、どこを改革すべきなのかをよくよく考えるんだ。そして、改革案を右の欄に書き出していく。

1年間のすべての収入を書き入れる

大まかでいいので昨年1年間の支出の実績を出す

実績の欄を埋めたら、無駄を見直し改善案を書き込む

「管理不能」「管理可能」については第7講で詳説

第1の表　昨年の収支実績

年

			実績	改善案
収入（手取り）	給与			
	パート代・臨時収入			
	ボーナス			
	計			
管理不能支出	住居費	家賃・管理費		
		固定資産税		
		計		
	生活費	電気ガス水道費		
		新聞代		
		その他		
		計		
	通信費	固定電話		
		テレビ・インターネット		
		携帯電話他		
		計		
	サブスクリプション代	動画・音楽配信		
		マンガ・本他		
		計		
	教育費	授業料		
		給食代		
		保育料（学童費）		
		塾代他		
		計		
	健康医療費	ジム会費		
		その他		
		計		
	車両関係費	駐車場代		
		自動車保険料他		
		計		
	保険料	生命・医療保険料		
		損害保険料		
		健康保険料（介護保険含む）		
		その他		
		計		
	ローン返済	住宅ローン		
		自動車ローン		
		奨学金ローン他		
		計		
	管理不能支出合計			
預金				
管理可能支出	生活費	食費		
		交通費		
		日用品費		
		こづかい		
		衣服費		
		その他		
		計		
	交際娯楽費	娯楽費		
		交際費		
		外食費		
		旅行費他		
		計		
	健康医療費	診療代		
		市販薬代他		
		計		
	教養費	図書代他		
	車両関係費	ガソリン代他		
	管理可能支出合計			
預金＋支出計				
収支差				

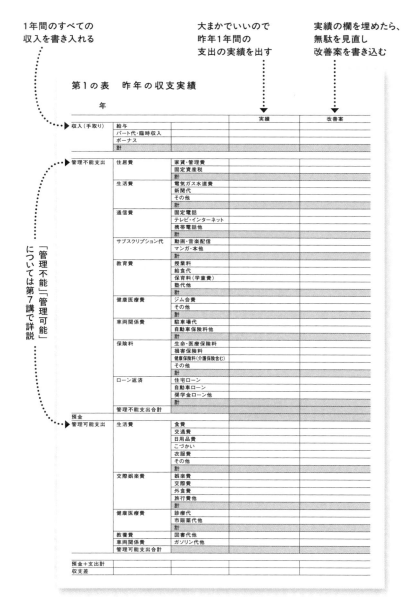

第2の表▼「1年間の予算と実績」（126ページ）

第１の表で無駄を洗い出したら、それをもとに１年間の予算を立てていく。まずは収入予算を記入する。そして支出予算を書き入れる。やり方はわかっているね。何度も言うが、家庭の価値が反映された支出予算でなくてはならない。

第3の表▼「1カ月の予算と実績」（127ページ）

新しい家計案を１カ月の予算として書き入れたものが、第３の表だ。重要なのは「努力すれば実現可能な予算になっているか」だ。先ほど言ったように、ダイエットでも無理をすれば続かないし、いずれ肝心の健康を害してしまうからね。無理そうならもう一度見直して、修正していけばいい。

第２と第３の予算の収支が合ったら、あとは毎月第３の表の予算にしたがって生活し、実績を書き込んでいくだけだ。そうすれば、自動的に年間の家計収支は黒字になり、預金は確実に増える。

１年の終わりに第２の表の「実績」の欄を埋めて、予算どおりに生活できたか確認すること。

今年の予算を
年始に書き入れる

12月31日締めで
1年間の実績を書き入れる

第2の表　1年間の予算と実績

年

			予算	実績
収入（手取り）	給与			
	パート代・臨時収入			
	ボーナス			
	計			
管理不能支出	住居費	家賃・管理費		
		固定資産税		
		計		
	生活費	電気ガス水道費		
		新聞代		
		その他		
		計		
	通信費	固定電話		
		テレビ・インターネット		
		携帯電話他		
		計		
	サブスクリプション代	動画・音楽配信		
		マンガ・本他		
		計		
	教育費	授業料		
		給食代		
		保育料（学童費）		
		塾代他		
		計		
	健康医療費	ジム会費		
		その他		
		計		
	車両関係費	駐車場代		
		自動車保険料他		
		計		
	保険料	生命・医療保険料		
		損害保険料		
		健康保険料（介護保険含む）		
		その他		
		計		
	ローン返済	住宅ローン		
		自動車ローン		
		奨学金ローン他		
		計		
	管理不能支出合計			
預金				
管理可能支出	生活費	食費		
		交通費		
		日用品費		
		こづかい		
		衣服費		
		その他		
		計		
	交際娯楽費	娯楽費		
		交際費		
		外食費		
		旅行費他		
		計		
	健康医療費	診療代		
		市販薬代他		
		計		
	教養費	図書代他		
	車両関係費	ガソリン代他		
	管理可能支出合計			
預金＋支出計				
収支差				

1年の終わりに収支差が
1円でもプラスになっていればOK

毎月、月初に予算、
月末に実績を書き入れる

差額が多い場合は予算が実態に
合っていないので、軌道修正する

第3の表　1カ月の予算と実績

月

		予算	実績	差額
収入	給与①			
	給与②			
	変動収入（　　　）			
	計			
預金 ＋ 管理不能支出	強制預金			
	管理不能支出計			
	計			
支払い可能額〔収入－（預金＋管理不能支出）〕				
管理可能支出 （5つ以内）	費			
	費			
	費			
	費			
	費			
	特別支出（月割）			
	管理可能支出計			
支出計				
収支差				

給料をもらったら自動的に預金

「特別支出（月割）」の解説は151ページ

毎月決まっている支出額は
費目ごとに記録する必要なし。
光熱費の変動も大まかに
予測できていればOK

1円でもプラスに
なっていれば
予算を守れたということ

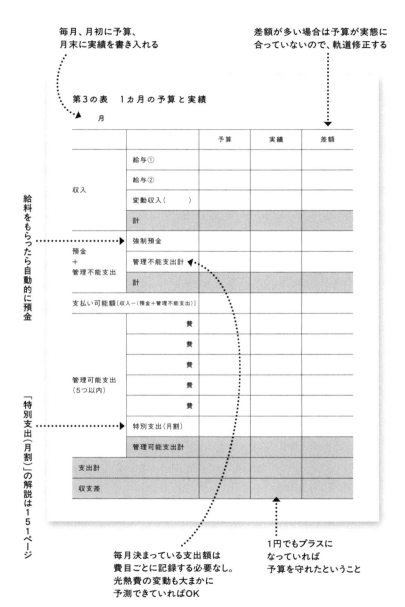

第4の表▼「生涯収支」（129ページ）

生涯収支は人生を見通すために出す。前にも少し話したね（第2講）。ご主人と君が90歳で天寿をまっとうする仮定で、生涯収支を出してみよう。現在から90歳までの収入（夫婦の年収合算）、支出（生活費、住居費、教育費など）、預金額の3つを計算してみるんだ。まずは大まかな数字でかまわない。完璧に作ろうとすれば、年金額やら退職金額を調べたりして、時間がかかるからね。

生涯収支は、さっき言った「家計的老後の始まり」から記入していくのがいいだろう。つまり、退職後の第4ステージから考えるんだ。老後どんな暮らしをしたいかを想像しながら支出を書き入れ、90歳で収支がプラスになるよう調整していく。いつまで仕事を続けるか皆目見当がつかないという人は、65歳を第4ステージのスタートにするといい。第4ステージの収支表を作ると、老後までに必要な貯金額が見えてくるはずだ。

次に現在から第3ステージの終わりまでの収支を出す。子どもの進学時の入学金、海外旅行、留学、起業、家の購入やリフォームなど、大きな支出が発生する事柄は「イベント支出」に書いておくといい。

子育て中、子どもの独立後、リタイア後など、人生のステージによって収入の中身と支出の質が変化するから、未来をイメージしながら書き込んでいく。予算の考え方と同様、

先に第4ステージの
収支表を作る

90歳の年の収支が
プラスになるように
収支を整える

預金を取り崩す生活になるので、
預金も収入として上部に書き入れる

第4の表　生涯収支

■老後（第４ステージ）の予測

（単位：万円）

		年	年	年	年	年	年	年	年	年	年	年	年	年
	自分の年													
	パートナーの年													
収入	年金他													
預金														
支出	生活費													
	費													
	費													
	その他													
	税金・保険料													
	支出計													
	収支差													
	預金残高													

■現在～第３ステージまでの予測

		10年予測（中期）												
		年	年	年	年	年	年	年	年	年	年	年	年	年
	自分の年													
	パートナーの年													
収入	給料他													
強制預金														
支出	生活費													
	住居費													
	教育費													
	費													
	費													
	税金・保険料													
イベント支出	子ども1													
	子ども2													
支出計														
収支差														
預金														
住宅ローン残高														

子どもの入学金、
住宅購入の頭金、
海外旅行などの支出予定を記す

現在から10年間が
中期予測（132ページ）

死ぬまでに絶対やりたいことを全部入れてみて、優先順位をつけて収支を整えていくのがポイントだ。大事なことは、人生全体を大きく眺めることだ。転職や大病など、予測できないことが起こったときは、その都度プランを見直せばいい。

この収支表は、最後に作るのがいいだろう。時間のあるときに、パートナーと話し合いながら書き込んでいくことをおすすめする。

石丸は説明を終えると、鞄の中からごそごそと書類を取り出した。

「あったあった。これは、ボクが家計相談用に持ち歩いている4つの表の雛型だ。特別に、君にこれを差し上げようじゃないか」（巻末に掲載）

麻衣子はお礼を言い、4つの表を眺めながら、石丸の説明を整理してみた。

第1の表は、家計を見直すために作る。1年の収支実績を見て、隠れた無駄はどこにあるのかを探り出す。そして新しい予算を作り、第2、第3の収支表に落とし込む――。第4の表は、人生の収支を見渡すためのもの。老後や貯蓄に対する漠然とした不安があっても、この表で90歳までの収支を予測できれば、具体的に何をすべきかわかってくる。

つまり、この**4つの表は、現在から人生の終盤までを貫く壮大な計画書なのだ。**

「空欄を埋める」感覚で大づかみ

「けっこう時間がかかりそうですね」

不安そうな麻衣子に石丸はこうアドバイスした。

「表を書くときのスローガンがあるんだ」

「スローガンですか?」

大げさな言葉に麻衣子は思わず笑ってしまった。

石丸が小さくこぶしを振り上げ、

「おおよその数字! 大づかみでOK! とにかく埋めてみる!」

と勢いをつけて言った。

「完璧に書こうとすると絶対につまずくからね。こまかい数字は適当でいいから大よその数字を入れて、とにかく大づかみできればいい。全体の状況を把握するんだ。君は経営者なんだよ。経営者は枝葉末節にとらわれず全体を俯瞰で見ないといけない。だからこまかな点にこだわらず、とにかく埋めてみるという意識でトライしてほしい」

(私は経営者!)

石丸に乗せられて麻衣子もその気になってきた。

「それから、表作りにあたって、パートナーとの共同作業や情報開示も必要になってくる。夫婦独立採算制の家庭もあるけれど、それだと不透明な家計になりやすい。会社の経営者として財務が見えない部門があったら、かじ取りができないだろう」

たしかにそのとおりだ。航平は反発するかもしれないけど、家族が幸せになるための家計管理であることを話して、理解してもらおうと思った。

10年の中期プラン

「そうそう。第1～第4の表で、短期と長期の収支を可視化するわけだが、ビジネスでは『中期』という考え方があるんだ。生涯収支という長期の視点も大切だが、さすがに長すぎて、具体的なプランニングに欠けるからね」

石丸は続けた。

「長期プランのはじめの10年が、その中期プランにあたる。10年間だけはその先よりも少し具体的に生活の変化にともなう収支を考えてみるといい」

これから10年間に起こる変化――。麻衣子は考えてみた。

・娘の七海が中学受験をするなら、塾代と学費が大幅に増える
・同時に七海に手がかからなくなり、麻衣子は仕事を増やすかフルタイムで働くなど、収入アップが見込める
・航平の給料も大幅にとはいわないが、昇給している予定だ
・10年以内に家族で海外旅行に行きたい。七海の高校入学のお祝いでどうだろうか

「なんだかワクワクしてきました」

「そうだろう。楽しい未来を考えることで、預金するモチベーションも上がるからね。それに、10年間の収支表を作ることで、長期プランや短期プランの精度も上がるんだ」

出ずるを為す

麻衣子は石丸のほうに向き直り、正直な気持ちを口にした。

「家計簿ではなく、予算と実績の収支表で家計を管理するというのには、目からうろこが落ちました。でも、うちの場合は肝心の第１の表、つまり無駄の洗い出しがむずかしそうな気がして……」

すると、石丸はノートにこう書いた。

——**入《い》るを量《はか》りて出《い》ずるを為《な》す**

「これは中国の古い書物『礼記《らいき》』に書かれている有名な言葉だ。収入がどのくらいあるかをよく計算してから、それに釣り合った支出を計画しなさい、という意味だよ」

(「収入に合わせてお金を使え」か。そんなのわかっている。でも、それがむずかしいから困っているのに……)

「わかります。だから、自分なりに家計の管理をしているつもりなんです。でも……」

麻衣子は歯がゆかった。

「でも、現実はうまくいかない。君は『きれいごとを言うのは簡単だが、足りないものは足りない』と言いたいのではないかな」

またもや心の中を言い当てられた麻衣子は、黙ったままうなずいた。

「まさにそれこそが、家計が管理されていない、という状態なんだ。だから、いつまで経っても赤字から抜け出せない。だが、がっかりすることはない。そんな家庭は数えきれないほどあるからね」

石丸にそう言われて、麻衣子はほんの少しだけ気がラクになった。

「大事なのは『入るを量りて出ずるを為す』だ。家計管理の基本は、収入の範囲内で予算を作成することだ。**同じ金額でもどう割り振るかによって、ストレスがたまったり、それまで以上に幸せに暮らせたりもする。**だから、何にいくら使うかという予算の組み方は、とても大切なんだよ」

なるほど、と麻衣子は思った。自由に使えるお金が10万円あったら、ひと晩でパーッと使うこともできる。しかし、今の私は家族の幸せのために10万円を使いたい。家族の幸せを最大限にする使い道を考えること。それが予算を組むということだ。

（でも、赤字家計から抜け出すためには、これまでより少ない支出で予算を組まなければならない。そんなこと、本当にできるんだろうか……）

石丸がまた話し始めた。

「赤字家計の君の家は、あちらこちらで雨漏りしている家に似ている。部屋が水びたしにならないようにバケツを持って走り回っているが、追いつかず家じゅう水びたしになっている。さて君は今、何をなすべきだろう」

「雨漏りしている部分を修理する……ですか？」

麻衣子が答えた。

「もちろん、雨漏りの箇所を見つけてその都度修理することも、ひとつの対処法だ。だが本当に大切なのは、雨が降る前に屋根をしっかり点検して、問題があるなら全体的な補修を施すことだ。長い目で見れば、このほうが合理的なんだよ。

もっとも、『正しい家計管理』は、雨漏りのように単純ではない。無駄なく、合理的に家計を管理するなら、**支出には性格がある**ことを、理解しなくてはならない」

「支出の性格？　ぜひ、教えてください」

麻衣子は思わず身を乗り出した。

「その話に入る前に、ちょっと失礼……」

と言って、石丸は席を離れた。

麻衣子さんの手帳メモ

- まちがった節約は、家計を不健康にする。
- 4つの表を埋めてみる。
- 表にはこまかい数字を
正確に書き込む必要はない。
- おおよその数字！大づかみでOK！
とにかく埋めてみる！
- 夫婦間での情報開示、共同作業が必要。

私は経営者。

コラム⑥
スケジュール確保
読者のみなさん、こんにちは。秘書のサンちゃんだよ
スケジュール帳はアナログ派です!
スケジュール
ひしょ
第6講を読んで、「きたきた! 表だ!」「面倒くさそう!」「ここは飛ばしておこう」そう思ったでしょ 知ってるよ!
あっバレタ…?
今すぐ表を作らなくて大丈夫! 表は眺めるだけでOK これから先生が書き方のコツを教えてくれるよ
え、眺めるだけでいいの?
今はね
ただし! 作業のための時間は確保!
水 木 金 土 日
第1の表を作る!!
パートナーとも予定を合わせよう
会社の予算作りは一大作業だよ 家計だって同じだ 大事な家族会議だ!
ひしょ
第4の表は時間がかかるから、日曜に。夕飯はピザとろうよ。
いいねっ

第７講

きっぱり
やめようじゃないか

管理不能支出に
メスを入れる

麻衣子のスマホの通知音が鳴った。夫からのメッセージだった。

そこには「やっぱり車はこのままにしよう」と書かれていた。


先週のことだった。

麻衣子は「マンションを買うなら自動車を手放してほしい」と航平に告げた。航平が独身のころに買った車のことだ。

娘の七海が小学校に入るまでは、車はありがたかった。小さな子どもを連れての外出で、車なら騒いでもぐずっても問題ない。しかし七海も来年は小学4年生だ。

車は便利だが、最近になって、駐車場代、ガソリン代、車検代、保険料といった維持費が、負担に感じられるようになった。

「いったん、手放そうよ」

と、麻衣子は何度も言ってみた。だが、航平はなかなか首を縦には振らなかった。

「車がないと外出するのがおっくうになるよ。ドライブやショッピングモールへの買い物にだって行けなくなる。それはいやだろう」

と航平は言った。

だが麻衣子は、夫が渋るもうひとつの理由がわかっていた。ゴルフだ。自分の車がなくなれば、何かと不便になる。だから手放したくないのだ。

「今車を手放しても、二束三文でしか売れないよ。それこそもったいないじゃないか。大切に乗り続けたほうがいいに決まってる」

航平の考えは変わらなかった。

支出には「管理可能支出」と「管理不能支出」がある

缶ビールを片手に、石丸が席に戻ってきた。

「喉が渇《かわ》いてね。それに小腹もすいた」

と言うと、ビールとつまみを、テーブルに置いた。

「そうそう、支出の性格の話だったね」

「最近、ボクはパーソナルジムに通い始めてね。トレーナーについてウエイトトレーニングを始めたら、みるみるうちに贅肉がとれて、こんなにスリムになった」

と、力こぶを作ってみせた。

石丸が何を言いたいのか、麻衣子はよくわからなかった。だが話が進むにつれて、それが家計管理と大いに関係していることがわかってきた。

「ボクはね、年とともに体力は衰えると思っていた。だが、運動を始めてからは、加齢と健康は別だということに気づいたんだ。加齢は管理不能だ。しかし、健康は管理できる」

石丸はビールをひと口飲んだ。

「第1～第3の表に、**管理可能支出、管理不能支出**と書かれていたことに気づいたかな。『正しい家計管理』の第一歩は、日々の支出がどちらに分類されるかを考えることなんだよ」

「本当だ。管理可能支出と管理不能支出。コントロールできるかできないか、ということですか？」

「そのとおり。最初に『お金に色をつけるのが会計だ』と言ったことを覚えているかね。それは会計で言う勘定科目を付すということなのだが、この管理可能と管理不能とを分けるのがまさに色づけの本質だ。同じ支出であっても『色が違う』ということを意識してほしい」

美容院代は管理可能支出、家賃は管理不能支出

すると、石丸はこんな質問を投げかけた。

「たとえば君の美容院代は、管理可能かな？」

麻衣子は迷わず「はい」と答えた。以前は月に一度は行っていたが、最近は回数を減らしている。

「正解だ。ではトイレットペーパー、洗剤、シャンプーなどの日用雑貨、それから食費、電気代、交際費はどうだろうね」

石丸はゲームをしているような調子で聞いてきた。麻衣子は「はい。管理可能だと思います」と答えた。これらもまた、自分の裁量で増やすことも減らすこともできるからだ。

「では、マンションの家賃はどうだろう」

月12万円の家賃は家計の大きな部分を占めており、月末に口座から引き落とされる。

「管理不能だと思います」と、麻衣子は答えた。

「正解だ。ではマンションを買うことはどうだろう」

「ええっと、うちの場合はまだ買っていないから管理可能だと思います……」

「正解だ」

石丸はうれしそうな顔で言った。

「管理可能か不能かの違いは、支払いが不可避的に生じるかどうかにある。家賃や住宅ローン、スマホの料金プラン、スポーツジムの月額料金などの費用は、解約しないかぎり、毎月決まった金額が引き落とされる。この性格を持つ支出が、管理不能支出なんだ。金額の大小は関係ない」


麻衣子は、ほかにどんな支出があるか考えてみた。水道光熱費、ＮＨＫの受信料、子どもの塾や習い事の費用、新聞代などが頭に浮かぶ。

石丸は続けた。

「食費や交通費など、注意すれば節約できる部分は管理可能支出だ。

さっき君に質問したマンションの購入代金は、今のところ管理可能支出だったね。だが、いったん売買契約書にサインしてしまうと、あともどりはできない。以降は問答無用でローンの返済義務が生じて、銀行口座からお金が引き落とされ続ける。つまり、管理不能支出になってしまうということだ。しかもそれが、何十年も続く」

麻衣子はあることに気づいた。**管理不能支出が多いと、使えるお金が少なくなり、生活は苦しくなるということだ。**麻衣子はそれを石丸に伝えた。

「君も少しはわかってきたようだね。そのとおり、どんなに収入が多くても、管理不能支出が多いと生活は苦しくなる。注意しないと、管理不能支出の罠にはまってしまう」

石丸の表現に麻衣子はドキッとした。

「そのひとつが、民間の任意保険だよ。ボクたちはもしものときのことを考えて医療保険に加入するだろう。そのこと自体は、悪い判断とまでは言えない。病気で入院して手術でもすれば、思いがけない出費になる。

だが、日本には高額療養費制度というものがある。たとえば1カ月の医療費が100万円かかったとしても、自己負担額*は9万円弱だ。だから、不必要に高額な医療保険に入る必要はないし、ある程度の蓄えがあれば、医療保険自体が不要と言える。

ボクは結婚当初、3つの生命保険会社とふたつの損害保険会社と契約を結んでいた。妻に言われて解約したけれど、掛け金はけっこうな額だったよ。

それから、かわいい子どものためと学資保険に入る親がいる。親に万一のことがあった場合はそれ以降の保険料の支払いが免除され、満期保険金は全額受け取れるからね。とはいえ、満期時に受け取る満期保険金が元本割れすることもあるんだ。それではせっかく積み立てた教育資金が目減りしてしまう。

いずれにせよ、毎月自動的にお金を持っていかれる保険契約は、管理不能支出の代表選手といっていい。よくよく考えて慎重にならなければならない」

＊69歳以下で年収約370万円〜約770万円の場合

麻衣子は手帳に、管理不能支出と管理可能支出を書き出してみた。

●管理不能支出

契約によって支払いが強制されている支出。

銀行の口座引き落としやカード払いになっていることが多い。

例：住宅ローンや家賃、水道光熱費、子どもの塾や習い事費、スマホの料金プラン、サブスクリプション代（音楽や動画配信サービス）

●**管理可能支出**
支払いに強制力がなく、コントロールできる。毎月増減する支出。
例：食費、衣服費、日用品費、美容院費、書籍費など

「よく理解できているじゃないか」

そう言われて麻衣子はうれしくなった。

「ところで本題だ。赤字家計を黒字にするためには、どちらの支出に注目すべきかな」

「ええっと、住宅ローンや民間保険料などの管理不能支出は、契約前によくよく考えることが大事だと、先ほど石丸さんから学びました。ただ、すでに決まっている管理不能支出は動かせないお金だから、やはり管理可能支出から無駄を省いていくのがいいんじゃないかと……」

石丸は大きくため息をつき、こう言った。

「それこそが、多くの人が陥っている家計管理の落とし穴なんだ。家計を根本から見直すために、注目すべきは管理不能支出にほかならない」

仕組みを変えるとガマンしなくてすむ

石丸は話を続けた。

「友人の話なんだけどね。彼は甘いものが大好きなんだ。特に大好物はドーナツ。うれしいことに自宅の最寄り駅にドーナツ屋がある。『あしたの朝ごはんに♪』と毎日のように買って食べる日々を続けるうちに、みるみる太ってしまったんだ。朝までガマンできることはめったになくて、その日のうちに食べてしまうらしい。そこで一念発起して『絶対に買わない！　店の前を通っても強い意志でガマンする！』と決めたんだ」

麻衣子は笑って言った。

「うーん、無理そうですね」

石丸もにやにやしながら、うなずいた。

「そのとおり。無理だったんだ。だって毎日ドーナツ屋の前を通るんだから。そのことに気づいた彼は、通勤ルートを変えた。ターミナル駅を使うのをやめてドーナツ屋どころかコンビニさえない小さな駅を使うことにした。するとダイエットは大成功だ」

麻衣子にもなんとなくわかってきた。「仕組み」を大きく変えるのだ。それを告げると、

「そのとおり。**仕組みを変えると、日々の小さなガマンは必要なくなる。**彼は通勤ルートを変えただけで、ドーナツを毎日ガマンする必要がなくなった。だって店がないんだから」


仕組みを変えないと、食費や衣服費といった管理可能支出を節約することになる。これだと日々、ガマンするというストレスが出てしまう。

しかし、毎月当たり前のように支払っている管理不能支出を減らすことができれば、その効果はずっと続いていく。


麻衣子は言った。

「わかりました。第1の表をもとに家計を改革し、第2、第3の予算に落とし込むためには、管理不能支出にメスを入れなければならない……というわけですよね」

「そうだ。先ほどの君のメモを、家計のこまかな費目として整理してみよう」

石丸はそう言って、黒表紙のノートを開き、猛スピードで万年筆を動かした。

◇管理可能支出

●生活費↓食費、交通費、日用品費、こづかい、衣服費など
●交際娯楽費↓交際費、娯楽費、外食費、旅行費など
●健康医療費↓診療代、市販薬代など
●教養費↓図書代など
●車両関係費↓ガソリン代など

◇管理不能支出

●住居費↓家賃、管理費など
●生活費↓電気・ガス・水道費、新聞代など
●通信費↓固定電話、インターネット、携帯電話（スマホ）など
●サブスクリプション代↓動画・音楽配信、マンガ・本、サプリや水の定期購入など
●教育費↓授業料、給食代、保育料、塾代など
●健康医療費↓ジム会費ほか
●車両関係費↓駐車場代、自動車保険料など
●保険料↓生命・医療保険料、損害保険料など

●ローン返済↓住宅ローン、自動車ローン、奨学金ローンなど

なるほど、こうしてみると、いかに管理不能支出が多いか。毎月当たり前のように出ていくお金の多さに麻衣子は驚いた。これまで管理可能な食費や衣服費を減らすことばかりに注目して、家計がまったくラクにならなかったのも当然だ。

（そう言えば、車の税金や車検代も管理不能だな。もしもマンションを買ったら、住宅ローンだけじゃなく、管理費や修繕積立費、固定資産税も管理不能支出になるのか……）

特別支出をなめてはいけない

麻衣子は石丸からもらった表をふたたび眺めて、もうひとつわからない項目があることに気づいた。

「石丸さん、この『**特別支出（月割）**』というのはなんでしょうか」

「ああ、それは月次ではなく、年次で出ていく支出のことだ。年払いの保険料や車の税金、家電などの大きな買い物、帰省の費用、急な不幸の香典などは毎月決まった支出ではない。

それらが特別支出にあたる。この特別支出は、けっこう大きな額のはずだ」

麻衣子には思い当たることが多々あった。

「私が家計簿を断念したのも、娘の七五三やバレエの発表会など、月単位で管理できない支出が多かったからなんです」

「特別支出は予測できるものとできないものがある。たとえば家族の誕生日をお祝いするための外食代は予測可能。つまり予算化できるはずだ。逆に急に家電が壊れたり、結婚式や葬式は予測できない。これらはこれまでに貯めた預金でカバーしていい」

「そのための預金ですもんね」

麻衣子もいろいろとわかってきた。予測不可能な出費は予算化せず預金でカバーしていいのだ。


「予測可能な特別支出については、まず年間支出額を割り出す。それを12等分して月額支出として考えるんだ。その月に使わない場合はプール金として置いておけばいい」

「だから、1年間と1カ月の収支表が必要なんですね」

石丸はうなずいた。

「特別支出をボーナスでまかなう家庭は多い。でもそれは危険だ」

麻衣子も帰省代や車の税金などにはボーナスをあてていた。

「なぜ危険なんでしょうか」

「特別支出のなかにも管理不能と管理可能がある。旅行代などの管理可能支出をボーナスで払うのはよいとしよう。しかし、かならず支出が発生する税金やローンの返済をボーナスで払う予定にしたら……」

麻衣子があとをついだ。

「ボーナスが支払われなかった場合、家計が危機になる」

「そのとおり。会社の業績悪化で最初に削られるのはボーナスだからね」

（月次で出ていかないから注意を払っていなかったけど、特別支出、かなり大きな金額になりそう……）

麻衣子の考えていることを察して、石丸はこう続けた。

「特別支出と月次で出ていくお金は、ほぼ半々になる家庭も多い。決して軽く見てはいけない支出だ。特別支出は、予算を組むときにこんな表を使って管理してもいいだろう」

石丸はノートをめくって簡単な表と記入例を見せてくれた。

特別支出予測表の記入例

1年間の特別支出予測表

	支出内容	金額		支出内容	金額
1月	お正月費用（お年玉など） 夫・誕生日	30,000円 10,000円	7月	息子 合宿	35,000円
2月	団信年払い	137,000円	8月	夫の実家へ帰省	200,000円
3月			9月	娘・誕生日	10,000円
4月	母 誕生日	5,000円	10月	めいっ子と妹の誕生日	10,000円
5月	母の日 息子・誕生日	20,000円 10,000円	11月		
6月	固定資産税 父の日	110,000円 20,000円	12月	父・誕生日 ソニー生命年払い クリスマス	5,000円 27,000円 20,000円

1年分の合計金額　649,000円

1カ月のプール金額　54,000円

書き込み用の表は巻末に掲載

（バレエの発表会や年払いの保険料。家族の誕生日や父の日や母の日のプレゼントを足すとけっこう大きな金額になりそう。でも月次の予算に入れて「プールしておく」と考えたら、身がまえなくてすむ）

「使えるお金」は思った以上に少ない

石丸はさっきのメモの最後に、次のような式を付け加えた。

収入－強制預金－管理不能支出－管理可能支出＝収支差

「強制預金……」

「前に預金は義務だと言っただろう。確実に預金を続けるには、給料が振り込まれたら、真っ先に預金するために、自動的に預金される仕組みを作っておこう。毎月自分でいちいち預金していたら、すぐに『あまったら貯めよう』になる。強制とは文字どおり強制的におこなうという意味だ。普通預金よりも、自動積立の定期預金がいいし、ご主人の会社に財形貯蓄制度があれば、それを活用すべきだね」

石丸は続けた。

「強制預金の次に差し引かれるのは、管理不能支出だ。君が使っていいお金は、収入から強制預金と管理不能支出を引いた残りの金額、つまり管理可能支出だけということになる」

麻衣子はこの式の意味が理解できた。この式は、収入から強制力の強い順に、差し引かれていく仕組みをあらわしているのだ。

「うちの家計にこの式を当てはめたら、使えるお金はほぼなくなってしまいそうです……」

「そこに気づいただけで花マルだよ。**使えるお金は限られている。**今までの君は、管理不能支出までを使えるお金だと誤解していた。その勘違いが、君を苦しめてきたんだ」

石丸は真剣な顔で言った。

「腹をくくるんだ。腹をくくって、これまでの生活習慣を変えるんだ。起こるべきことが起こらなければ、腹をくくったことにはならない。成果が出るまで、やり続けるんだよ」

麻衣子は、ゆっくりうなずいた。

石丸はノートをめくって、こう言った。

「ドラッカーの未来に対する言葉だ。これまた奥深いだろう」

The best way to predict the future is to create it.
――未来を予測する最良の方法は、未来を創ることだ

黒字になるまで何度も見直す

「さて、今度は君の家計を分析してみようじゃないか。今、君の家ではどのようにお金を使っているんだね？」


麻衣子は毎月の生活費を大まかな費目に分け、その金額を石丸に伝えた。

収入は、航平の給料と麻衣子のデザインの仕事の報酬を合わせて、手取りで39万円ほど。

支出は、家賃12万円、食費が外食費込みで7万5０００円、水道光熱費が2万円、ネットとスマホの料金が1万5０００円、新聞代5０００円、娘の習い事代3万円、交通費や日用品で1万円、生命保険が2万円、こづかいは家族合わせて7万円、衣服費が1万円、動画などのサブスク代5０００円、駐車場代とガソリン代が1万円で、合計39万円。

この時点で、佐伯家の収支はすでにトントンだ。子ども関係の集まりや友人宅への手みやげなど、ちょっとした出費があるだけで赤字になる。このほか慶弔等の交際費、家電の

買い替え費、帰省費、車検代といったイレギュラーな費用は、すべてボーナスで補塡している。

「これじゃ、預金なんてできるはずがないですね……」

麻衣子は気が重くなった。

「そこに気づけただけでもしめたものだ」

たしかに、麻衣子もこのままではいけないということだけはわかった。

「今のギリギリ家計を余裕のある家計にする予算を作成していこう」

石丸が前向きな言葉をかけた。

「将来への計画を会計の鏡に照らして、収支で表現すること。これが予算なんだ。計画を予算化することで、君たちの生活が身の丈を超えていないかどうか、チェックできる。もしも**赤字になるなら、黒字になるまで何度も計画を見直すことだ。この作業が、予算を作成するうえでいちばん大切なんだよ**」

麻衣子は、これまで何度か予算を立てたことはあったが、いつもボーナスで補塡する赤字予算だった。今の収入ではそれでもやむをえないと思っていたのだ。

だが、そうではなかった。赤字になるのは、収入ではなく支出、つまり現在の生活に問題があるからなのだ。その生活を見直さないかぎり、希望する将来は実現できないし、赤字からも脱却できない。

しかし、どうやって生活の問題点を見つけ、修正すればいいのだろうか。

「先ほど渡した第1の表に昨年の収支を記入して、1年間の支出の内容をよく見てみることだ。とりあえず金額は大まかでかまわない。早速やってみたまえ」

石丸は麻衣子に促した。

麻衣子は第1の収支表に、昨年1年のおおよその収入と支出を書き込もうとした。しかし、すぐに筆が止まってしまう。わからない金額や費目が多すぎるのだ。

書きあぐねている麻衣子に石丸は助け舟を出した。

「わからないところは飛ばして大丈夫。管理可能と管理不能の費目を書くだけでもいい。さっき言ったように全体を大づかみできればいいんだ。こまかい数字を正確に書くことは重要ではない」

わからない金額は抜かして、だいたい埋めていったが、忘れているものも多そうだ。家に帰って調べる必要のある数字も多かったが、ネットで平均額を検索しておおよその数字を入れた。とにかく欄を埋めることを優先した。

「なんとかできた……」と顔を上げたとき、石丸はすやすやと寝入っていた。

麻衣子はあらためて表を見直し、石丸が目を覚ましたタイミングで声をかけた。

「お待たせしました！　だいたい埋まりました！」

「おお、早かったね。感想はどうかな？　昨年1年間の支出は、家族の価値観に合っているかね？」

「うーん……。少なくとも私がしたいことにお金を使えていないことがわかりました。1泊2日の近場の旅行さえできていませんし、読みたい本も買えていない」

「それに気づけただけでも大きい。さて、ここからが大事だ。この表を黒字にしなくてはならないからね。黒字にする作業をしてもらうと、数字だけちょっとずついじくって、収支を合わせる人が多い。それじゃあダメだよ」

「わー、やりがちです」

石丸に注意喚起されなければ、食費7万5000円を7万円にしたり、水道光熱費2万円を1万7000円にしたりして、こまかく数字をいじってなんとか収支を黒字にしてしまっていただろう。

麻衣子は収支表を見つめながら、頭の中を整理した。

予算を作る作業は数字合わせではないのだ。

石丸が言っていたように、家族の幸せにとって必要な支出を削ってはいけない。家族の幸せを損なわず、かつ黒字になるまで何度も計画を見直さなくてはならない。

石丸は鞄の中から小さな箱を取り出した。

「脳細胞が疲れてくると、どうしても悲観的になってしまう。これでも食べて、明るくならなくては」

アーモンドチョコレートだった。箱を開け、にこにこしながら麻衣子に差し出した。

腹をくくって、ばっさりカットする

「何度も言うが、収入以上にお金を使ってはいけない。君の家計の収入は、ご主人の給料と君の仕事の分だけだから、金額はある程度決まっているね。だから、支出にしぼって管理すればいい」

石丸に指摘されて麻衣子はあらためて支出項目と金額を眺めてみた。しかし、削れる支出は少ない。

「これまで君はどんな方法で生活費を削ろうとしていたのかね」

「すべての費目から1割削る目標を立てたことがありました。でも、現実には家賃は削れないし、食費だって決してぜいたくしているわけじゃない。それに娘の塾と習い事は続けさせたいし……。いろいろ悩んでいるうちに、どの費目もうまく削れなくって」

麻衣子はため息をついた。

すると石丸は、こう続けた。

「家計費を削減しようとする場合、君のように、すべての費目から一律に5％とか10％引き下げようと考える人がいる。しかし、この方法ではなかなか効果が出ない。だいたい、食費だの日用品だの水道光熱費だの、日々の生活に関連する費目というものは、もともと大きなお金をかけていないものだ。それを5%、10%と削ろうとすれば、生活がすさんでしまう。

逆を言えば、たっぷりとお金をかけている費目を5%、10%しか削らないのは、むしろアンバランスだ。その結果、生活の大切な部分にお金がまわらなくなる」

たしかに、食費や水道光熱費といった生活費は、もともとある程度注意しているから、削減効果は薄いし、家族の幸せにも影響する。

「優先順位の高い支出は削らないこと。そこは大事にする。予算を増やしてもいい。逆に君たちの生活に満足をもたらさないものは徹底的に削る」

石丸は麻衣子に笑顔を見せ、こう続けた。

「だから、腹をくくって的をしぼり、ばっさりカットする。そういう気持ちで予算を組むんだよ」

予算を組むうえで大切なのは、価値の低い費目の支出を削り、価値を感じる費目にお金を集中させることだ。石丸の言うように、腹をくってこの作業をしないかぎり、相変わらずの赤字家計を繰り返すことになる……。麻衣子は目が覚めた思いだった。

支出を減らす3つの心得

石丸はアーモンドチョコレートをひと粒口に入れて、ポリポリとかみ砕いた。
「支出管理には心得が3つあるんだよ。

①金額が大きい費目に注目する

支出削減には手間がかかる。同じ手間をかけるのなら、金額の大きい費目に狙いを定めるべきだ。

②少し改善しただけで大きな効果が見込める費目を見つける

管理可能・管理不能を問わず、大きな効果が見込める費目を見つけ出して、素早く手を打つことだ。そうすれば、思った以上に支出を減らせる。逆を言えば、改善をしても、小さな効果しか見込めない費目にはこだわらなくていい。

そして、もっとも大切な心得は……、

③やめる勇気を持つ

3つ目は、やめる勇気を持つことだ。**支出を減らすのではなく、ゼロにするんだ。**ちまちまと削減するよりも、その支出自体をやめてしまうことがいちばん効果的だからね。『やめる』というのは生活を大きく変えることになる。だから勇気が必要なんだ。でもここで躊躇《ちゅうちょ》していては、やりたいことを実現できる予算案にならない」

メモを取り終わった麻衣子が質問した。

「たとえば、②ってどんなものでしょう。うちの家計には見つからないような気が……」

石丸は、いつのまにか最後のひとつになったアーモンドチョコレートを口に放り込んだ。

「簡単だ。君の家の場合、車を手放すだけで、ガソリン代も、駐車場代も、自動車保険料も、自動車税も車検代も払わずにすむだろう。それから、子どもの習い事をひとつに絞れば、お金も時間も節約できる。家も広すぎる。モノを処分してもっと狭くて家賃の安い家に引っ越せば、数万円単位で削減できる」

車の維持費や、娘の習い事……。たしかに、「無駄かもしれない」と思っていたものの、やめる勇気がなかったり夫に反対されたりして、行動に移せなかった。

家が広すぎるというのは、指摘されなければ気づかないことだった。いらないモノを置くために家賃を払うのは無駄というのは納得する。

食費や光熱費などの管理可能費をちまちまと削るのではなく、管理不能費に大ナタを振るう必要性をひしひしと実感してきた。

麻衣子さんの手帳メモ

- 支出には、管理不能支出と、
  管理可能支出がある。
- ローンや保険はいったん契約書に
  サインしてしまうと、管理不能支出になる。
- 管理不能支出が多いと生活は苦しくなる。
- 金額の大きい費目に注目して削る。
- やめる勇気を持つ。

使えるお金は思ったより少ない。
思いきって「やめる」こと!!

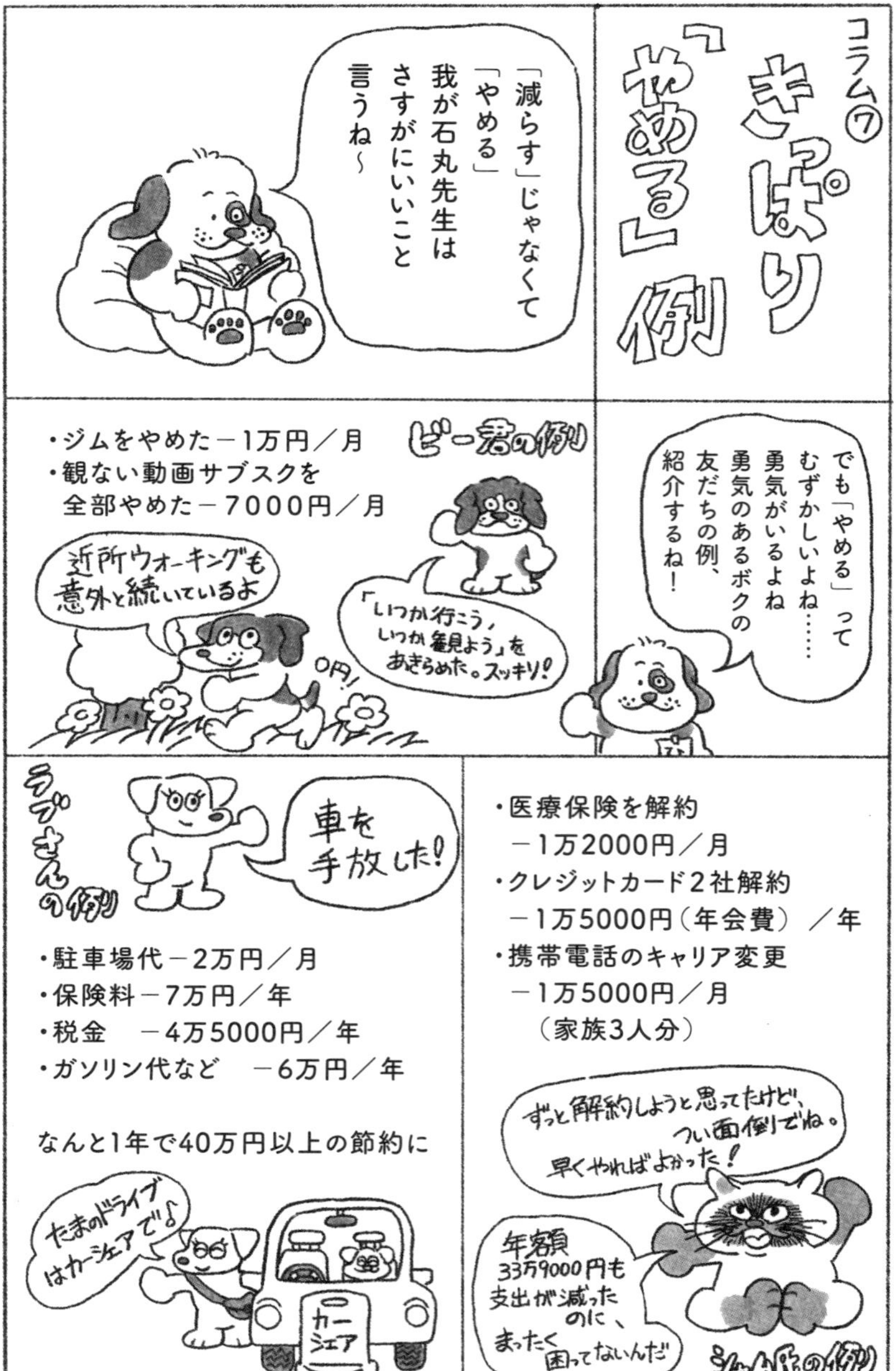
コラム⑦
きっぱり「やめる」例
「減らす」じゃなくて「やめる」我が石丸先生はさすがにいいこと言うね～
でも「やめる」ってむずかしいよね……勇気がいるよね
勇気のあるボクの友だちの例、紹介するね！
ビー君の例
・ジムをやめた－1万円／月
・観ない動画サブスクを全部やめた－7000円／月
「いつか行こう、いつか観よう」をあきらめた。スッキリ！
近所ウォーキングも意外と続いているよ
0円！
・医療保険を解約－1万2000円／月
・クレジットカード2社解約－1万5000円（年会費）／年
・携帯電話のキャリア変更－1万5000円／月（家族3人分）
ずっと解約しようと思ってたけど、つい面倒でね。早くやればよかった！
年額33万9000円も支出が減ったのに、まったく困ってないんだ
シャム氏の例
ラブさんの例
車を手放した！
・駐車場代－2万円／月
・保険料－7万円／年
・税金　－4万5000円／年
・ガソリン代など　－6万円／年
なんと1年で40万円以上の節約に
たまのドライブはカーシェアで♪
カーシェア

秘書は知っている

実はね、石丸先生には子どもが4人いて
男の子ばかり4人っ
教育費が大変なときは、
・車を手放す
・保険を解約
バイバイ
ペコリ
保険
住宅にもお金をかけない
子ども4人でひと部屋を使う
6畳ひと間に2段ベッドふたつ!
ぎゅうぎゅう
でも、年に1回の海外旅行は死守
これは教育費扱い
まさに、
優先順位の高いものに支出を集中
させていたんだ
さすが!!

※著者の実話です

第8講

努力は必要ない。仕組みを作るだけ

予算を守れる管理法

14時27分、のぞみは広島駅に到着した。

麻衣子のスマホが振動した。画面には実家の電話番号が表示されていた。

「ちょっと失礼します」

と、麻衣子はデッキに出た。


「何時に着くの？」

母からだった。

「小倉に3時すぎくらいかな」

「あのね……」

母は何か言いかけて、口をつぐんだ。

「どうしたの？　お母さん」

麻衣子が尋ねると、母は沈んだ声で話し始めた。

「お父さんに頭金の件、話したわ」

「お父さん、なんて言ってた？」

「しばらく黙ってた。……麻衣子が来たら、とにかく話を聞いてみようって」

「そうか。ありがとう」

「私はね、あなたたちに身の丈に合った生活をしてほしいと思ってるの」

「うん……」

麻衣子の父は地元の水産加工会社を退職した後、マンションの管理人として５年働いて引退した。今は地元でのんびり暮らしている。持ち家もあり、夫婦合わせて月20万円程度の年金が振り込まれるから、生活には困らない。麻衣子は勝手にそう思っていた。

「お父さんも私も、今は元気だからなんの心配もいらない。麻衣子にはできるだけのことをしてやりたいと思ってる。だけど、もし病気になったり介護が必要になったりしたら……」

「うん……」

父母は決して裕福なわけではない。でも、自分を東京の大学に進学させ、４年間仕送りを続けてくれた。老後を迎えた今は、時々旅行に行ったりしながらふたりで仲よく楽しく暮らしている。それは、これまで身を粉にしてまじめに働いてきたからこそできていることだ。

そんな両親に、私はお金の無心をしようとしている。

母が漏らした言葉は、麻衣子の胸を突き刺した。

「石丸家流・予算を守れる家計管理」①口座編

席に戻ると、石丸が唐突に切り出した。

「ところで、君は家計簿をつけようとして、何度も挫折したと言ったね。だが、よく考えてごらん。一度見直してしまえば、管理不能支出は毎月同じ額が出ていくだけだ。だから**日々の生活で管理すべき支出費目は、管理可能支出だけなんだ**」

石丸はさっきノートに書いた管理可能支出と管理不能支出の一覧（150ページ）を、もう一度麻衣子に見せた。

「うちの妻は家計簿をつけない。それでいて、預金もしているし予算は完璧に守っている」

のぞみがトンネルを通過する。麻衣子は大きな声で言った。

「すごいですね。どうやって管理されているんですか？」

「彼女は予算管理が完璧にできる仕組みを考えて、実践しているんだよ」

石丸は誇らしげに言った。

「君には特別に、妻のノウハウを教えようじゃないか」

石丸はうれしそうな表情で話し始めた。

「まず、銀行口座をふたつ作る」

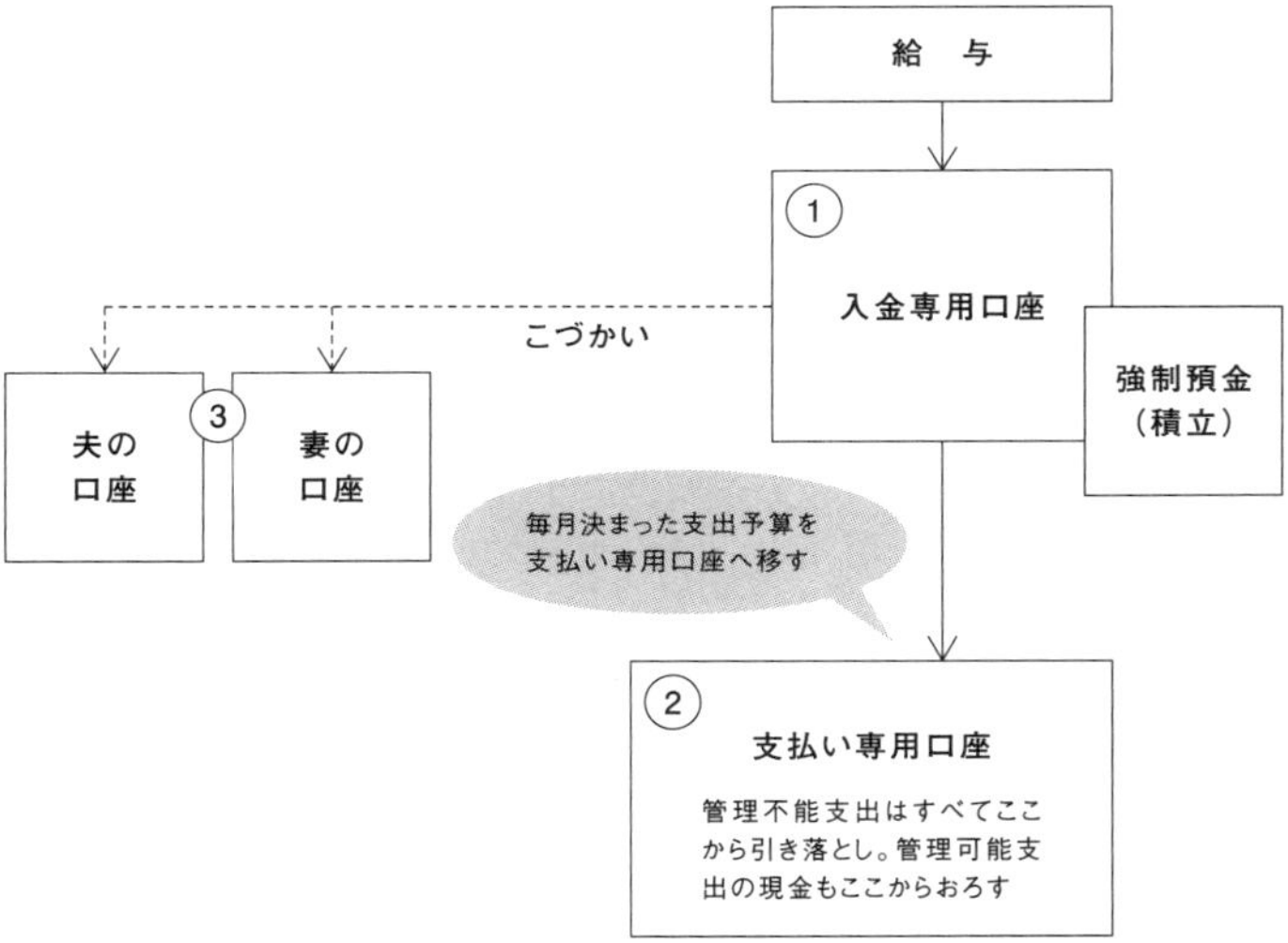

①入金と積立預金の専用口座

ひとつ目の口座は、入金と積立預金の専用口座だ。給料が振り込まれたら、この口座から一定額を自動的に積立定期預金に振り替える。勤務先に財形貯蓄制度があるなら、それを利用してもいい。これで強制預金が可能になる。

②支払い（引き落とし）の専用口座

ふたつ目の口座は、支払い専用だ。ひとつ目の入金口座から毎月予算に見合った金額をこの口座に移す。家賃、通信費、水道光熱費など、自動で引き落とされるものは、すべてここを通す。つまり、管理不能支出のための口座だ。支払い口座を一本化すると、使った金額の多さにドキッとする。これも大事なことだ。

自動引き落とし分は、できるかぎりクレジットカードを通しておこなう。利用明細があれば支出が一覧できるし、ポイントも貯まるからね。ちなみに、我が家のクレジットカードは、ボクと妻で1枚ずつだ。いつのまにかクレジットカードの枚数はどんどん増えてしまうものだから、それぞれ1枚を残して、すべて解約した。

③夫婦それぞれの専用口座

さらに家計外に夫婦別々の口座を作っておくといい。それぞれのこづかいを振り込んだり、個人のクレジットカードの引き落とし口座として使う。家計の出費でクレジット決済の必要がある支出は、自分の個人カードで立て替えて、引き落とし専用口座から現金を引き出して精算すると、シンプルに管理できる。

麻衣子も、これまでカードで支払ったとき、使った月に計上するのか、引き落とされる月に計上するのか迷ってしまっていた。この方法なら使った月に計上でき、混乱が少ない。

麻衣子はひとつの疑問を口にした。

「入金口座と支払い口座を分けるのには意味があるんですか？　わざわざお金を移動させるのは面倒だと思うんですけど」

石丸はすかさず答えた。

「それが狙いだよ」

「え？　面倒にするのが狙いなんですか？」

「お金を使いにくくしているんだ」

（たしかに、給与口座から入金専用口座にお金を移して、さらに支払い専用口座にお金を移すとなると、二度のステップを踏まなければお金を使えない）

「入金専用口座は『使ってはダメなお金』、支払い口座は『使っていいお金＝用途のあるお金』と明確に分けることに意味があるんだ。入金口座の残高を見て、『お金がある』と思うと、予算外の出費をしてしまうものだ」

「たしかにそうですね。使っていいお金は予算化してあるお金だけだし、それがふたつの口座で物理的に分かれていると混乱しないですみます」

「ふつうの生活だと**面倒くささは『悪』だが、予算管理においては『善』なんだ**」

石丸の力説を聞いて、麻衣子はさっき聞いたドーナツ屋の話を思い出した。

「使いづらいという仕組みを、最初に作っておくんですね」

「石丸家流・予算を守れる家計管理」②現金管理編

石丸の説明は続いた。

「次は、毎月の管理可能支出が予算を超えないようにするための仕掛けだ。これがまた、優れものなんだ」

と言って、楽しそうにノートを開いた。そこには封筒の絵が描いてあった。

「まず、費目分の封筒を用意するんだ。封筒には費目ごとに、月の予算額を書いておく。そして月初めに②の支払い専用口座から、管理可能支出予算を現金で引き出し、それぞれの封筒に予算額のお金を入れていく。生活費は財布をひとつの封筒と考えて管理するとやりやすい。

あとは費目ごとに封筒からお金を支払えばいい。支払ったらかならずレシートをもらう。どんなにこまかな支払いでも、これだけは守らなくてはいけない。レシートは封筒の中に

封筒管理

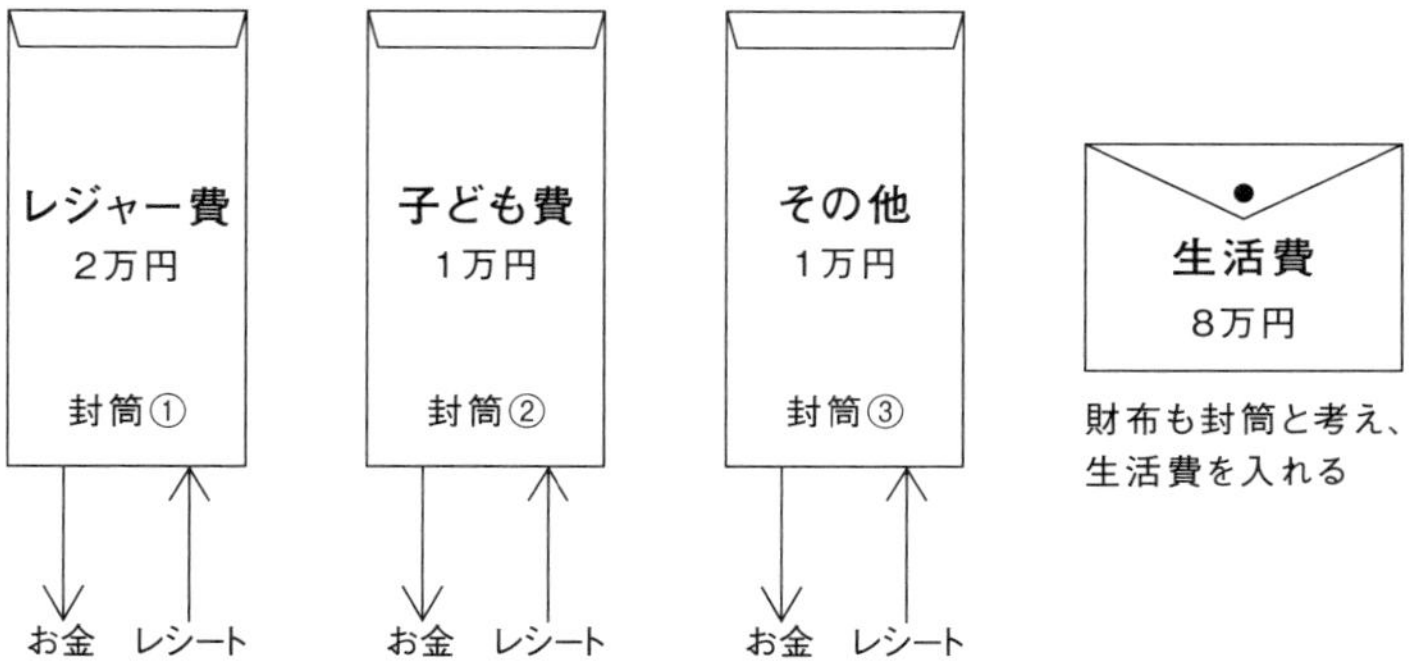

放り込んでおけばいい。レシートをもらいそびれたら、だいたいの金額でいいから封筒にメモしておく。あとは、封筒の中に残ったお金と相談しながら、1カ月をすごせばいい」

たしかに、最初に予算を封筒に分けてしまえば、その中でやりくりすればいいだけだ。これなら日々の家計簿は不要だ。月の予算を割り振るだけで、自動的に家計管理ができる……。

石丸の妻の家計管理法に舌を巻きながら、麻衣子は石丸の話を箇条書きにノートにまとめた。

1　銀行口座を3種持つ

①入金と積立預金の専用口座……給料は全額ここに振り込み、強制的に預金する。
②支払い（引き落とし）の専用口座……管理不能支出の自動引き落とし分はこの口座にまとめる。管理可能支出の現金もここから引き出す。
③夫と妻の個人口座……夫と自分のこづかいを振り込む。カード払いの立て替えをしたときの引き落とし口座としても利用。③の口座は家計予算や財産目録には組み込まなくてＯＫ。

2　費目ごとに封筒を用意する

管理可能支出は封筒で現金管理。使ったらレシートを封筒に入れておく。残金を意識しながら生活する。

（ちゃんと実践できれば予算どおりに暮らせる。でも、私にできるだろうか……）

石丸は真剣なまなざしで、麻衣子のほうに向き直った。

「しかし、予算を割り振るだけでは、仏作って魂入れずだ。足りなくなったら銀行で現金を引き出すのは目に見えている。先ほども言ったように、もっとも大切なことは、生活を抜本的に見直す覚悟だ。絶対に上限を超えない、という覚悟で取り組むんだ」

上限を超えないという意味ではいいやり方かもしれないが、現金のみではないと通用しないやり方だ。麻衣子は質問をぶつけた。

「現金管理のみですか……。ポイント加算や利便性を考えたら電子マネーは積極的に利用したほうがお得だと思っていました」

「数カ月やってみて、無理なく予算内で暮らせるようになればそれらを利用するのもありだろう。しかし、**ポイントや利便性よりも上限を超えない仕組みを作ることのほうがずっと大事なんだ**」

「わかりました。まずはやってみます」

費目の数は5つ以内

麻衣子は封筒管理に書かれた「子ども費」「レジャー費」などの文字を指さしながら質問した。

「この費目って……」

「ああ、これはかつての我が家の費目がそのままになっているね。**費目は各家庭の価値観が反映されたもので、なおかつ5つ以内**にすることが大事だ。多すぎると管理しにくいからね」

「価値観が反映されたものと言うと？」

「たとえば、外食が好きな家庭は『外食費』の費目を設定するし、外食も含めて家族の楽しみを優先したいなら、『お楽しみ費』として外食や映画鑑賞、レジャーなどを予算立てすればいい。子どものサッカーに関わるお金を管理したいという家は、部費、差し入れ代、飲み物代、合宿代、送迎のガソリン代や駐車場代、親の飲み会代もすべて入れて『サッカー費』として管理していた」

「なるほど！　費目は自由に決めていいんですね」

「そのとおり、自由なんだよ！　時々『書籍代は娯楽費でしょうか、教育費に入れるべきでしょうか？』なんて質問を受けるんだけど、その質問自体がナンセンスだし、主体的に家計管理できていない証拠だ。本を楽しい娯楽と定義するなら娯楽費にすればいいし、子どもの教育のために欠かせないと考えているなら教育費に入れればいい。**費目は自分で決めるんだ。**我が家は子どもが小さいころも毎年旅行をしていたが、その費目はレジャー費ではなく『教育費』だった。旅行で見聞を広めることは、机に向かって勉強するよりずっと教育的だと考えていたからね」

「『その他』という費目もいいですね」

「そうそう。どの費目にも入らない雑費というのが絶対あるからね。ただ、この『その他』がふくれ上がってしまったら、費目と予算を見直さなくてはならない」

石丸は、管理不能支出の費目ももちろん家庭の価値観に合ったもので、なおかつあとから見直したいもので費目分けするといいと補足した。

（うちだったらどんな費目になるかな。本や映画・美術展鑑賞の予算をまとめて「カルチャー代」とするのもいいな）

麻衣子はワクワクしてきた。同時に市販の家計簿の「食費」「日用雑貨」「交際費」などの費目にストレスを感じていたことを思い出し、「あの費目は我が家の価値観に合ってなかったんだ」と気づかされた。

石丸とドラッカーからの最後のメッセージ

のぞみは徐々にスピードを落とした。窓からは小倉の町が見えた。

あっというまの4時間半だった。


「あの……本当にお世話になりました。これから何をすればいいのか、見えてきました」

「それはよかった」

石丸は表情を崩した。

「夫とよく話し合って、生活を見直します」

麻衣子は力強く言った。

「家計は経営なんだ。黒字の仕組みを作ってお金にしばられない人生を送ってほしい。あとは実行に移すのみ！　夢をかなえられるかどうかは君たちしだいだよ」

麻衣子は頭を下げ、遠慮がちに言った。

「あの、たいしたことはできませんが、後日お礼をさせていただきたいんです。送付先を教えていただけないでしょうか」

「旅は道連れとはよく言ったものだ。お礼と言われてはやぶさかではない」

石丸はそう言いながら、万年筆でノートに何かを書いた。

それは、ドラッカーの言葉だった。

「では、君にこのノートを貸してあげよう」

石丸はノートに住所を書き添えた。

のぞみがホームにすべりこんだ。麻衣子は石丸にお礼を言って、席を立った。

＊　＊　＊

両親はごちそうを用意して待っていてくれた。

テーブルに並べられたとらふぐの刺身と鍋用の切り身に、麻衣子は両親の気持ちが心に染みた。

「遠慮しないで、たくさん食べなさいね」

母が笑顔で言った。子どものころも、ふぐは年に一度食べるかどうかの高級料理だった。

少しお酒がまわったころ、父親は口を開いた。

「マンションの頭金のこと、母さんから聞いたよ」

麻衣子は首を左右に振った。

「ありがとう。そのことだけど、一度白紙に戻して、航平さんと話し合ってみようと思ってる。だから、心配しないで」

「大丈夫なの?」

母親が心配そうに尋ねた。だが、麻衣子は明るい顔で答えた。

「私、お金のことを何も知らなかったんだなって思ったの。お金を稼ぐ大変さも、お金を貯める大切さも。それ以上に、お金を使うことの意味もわかっていなかった。いい機会だから、よく考えてみようと思って……」

「食べよう」

父親は麻衣子のグラスに冷酒を注ぎながら言った。

麻衣子は、久しぶりに安らいだ気持ちになった。

お金よりも大事なのは、家族が仲良く暮らせること。そして、両親のような人生こそが、幸せな人生なのだと感じていた。

麻衣子さんの手帳メモ

- 銀行口座は、入金と積立預金専用、
  支払い専用に分ける。
- 管理可能支出の管理には封筒を使う。
  レシートはかならず受け取って封筒に入れ、
  なければメモしておく。
- 大切なのは上限を超えない仕組みを使って、
  予算どおりに暮らすこと。

とにかく手を動かして
トライしてみよう！

コラム⑧
上限を超えない仕組み
読者のみなさん、きっとこう思ってるでしょ「ふ、封筒管理ーー！ふっるーー！」
たしかに今やキャッシュレスの時代
現金使えません
セルフレジ
でもまず1回はやってみて！
サッカー費
外食
子ども費
お楽しみ代
ペット関連
スイーツ代
カルチャー代
キャッシュレス決済を封筒がわりにする。
どうしても、キャッシュレスがいい人は、生活費の封筒のかわりに、キャッシュレス決済を使う
生活費
決めた額を月初にチャージしてその範囲で使う残額は翌月繰り越しOKだが、追いチャージはNG
予算以上に使えない設定にすること

使いやすければどの会社でもOK
PayPay
LINE Pay
楽天ペイ
d払い
au PAY
などなどOK
よく買い物をするスーパーと連携しているサービスを使おう
今月はあと残り7000円だ
ひと月の予算を早々と使いきってしまう人は……
1週間でからっぽ
10000
1000
5000
生活費を2週間分に分けたり、1週間分に分けたりして、管理してみて
生活費1
生活費2
封筒2つで2週間ごと
生活費①
生活費②
生活費③
生活費④
封筒4つで1週間ごと
とにかく現金でもキャッシュレス決済でも、
上限を超えない仕組み
が大事
「使いやすさ」「便利さ」はNG！
ATM
いつでもおろせるよ〜
3回払いで
ピッ
オートチャージは便利だなあ〜

——そして、東京で。

エピローグ

翌日、麻衣子は東京に戻った。

両親に頭金を借りなかったこと、新幹線の車内で石丸に聞いたことを、すべて航平に話した。そして、家計の立て直しを提案した。

最初は不満そうな顔で聞いていた航平だったが、石丸の話にだんだん興味を示した。

「それって、オレが会社でやっていることと同じかもな」

「これ、ちょっと見ていいか?」

航平は石丸から借りたノートをめくった。

「たしかにマンションは欲しいよ。でも、生活が苦しくなったり、老後破産したりはごめんだよなあ。石丸とかいうおじさんから教わった方法、試してみようか」

航平のものわかりのよさに、麻衣子は拍子抜けする思いがした。

だが、それには理由があったのだ。

「麻衣子には黙ってたけど、うちの会社、今年も赤字なんだ。今はコンサルタントが入って経営の立て直しをしているけど、同じことを言っていた。無駄な支出が多すぎるって。ここ10年ほど、会社はビジネスの範囲を拡大してきた。従業員を大量に採用して、設備投資にも積極的だった。その結果、固定費がふくらみすぎてしまった。これは石丸さんの言うところの、管理不能支出なんだ。借金も多いし、この景気だからね。売り上げが落ちると同時に、資金繰りが行き詰まった。だからいつ何が起こるかわからない。倒産やリストラだって他人事じゃないんだ」

航平は、少し間をおいてこう続けた。

「でも、オレは会社の回復を信じているし、これからも、もっと仕事をがんばるつもりだ。安心して仕事に打ち込むためにも、家計の赤字は解消しないといけないよな」

麻衣子と航平がやってみたこと

麻衣子と航平は、石丸に教えられたとおりの作業を始めた。

最初に財産目録を作成した。航平の会社の財形貯蓄は思いのほか貯まっていたし、若いころに買ってほったらかしていた投資信託があることも判明した。それどころか、あちこちの銀行に口座があり、航平自身も忘れていたお金もあった。学生のころバイト先に指定されて作った口座がそのままになっていたそうだ。これらはすべて整理した。

そして、おたがいゆっくり時間のとれる連休を利用して、4つの表の作成に取りかかった。石丸が言っていたとおりの順に、話し合いながら記入していくことにした。

まずは、石丸にもらった第1の表（昨年の収支実績）に前年度の収支実績を書き入れた。新幹線の中でも一度作ったが、改めて航平と取り組んでみた。

詳細な家計簿はつけていないので、クレジットカードの明細や通帳を頼りに数字を埋めた。うまく金額が合わないところは、麻衣子の記憶で振り分けた。

時間はかかったが、やっとのことで昨年の収支実績が完成した。

それを見た航平は、ため息をついた。

「赤字なのに、お金はまわっていたのか。もしかして、麻衣子の預金を取り崩していたのか？」

航平は、麻衣子が赤字分を補っていたことを知らなかったのだ。

麻衣子は小さくうなずき、口を開いた。

「そのことについてはもういい。それより、このままじゃうちの家計はいずれ破綻してしまう」

麻衣子は航平の目をじっと見て言った。

「私たち、生活を見直さなきゃ。あなたと私と七海が使っているすべてのお金を調べて、その支出に意味があるのか、よく考えてみたいと思う。これは絶対削れないという聖域は作らず、思いきった家計の改革をしたい。石丸さんはこう言ってた。どんなに些細な支出でも、それが生活に満足をもたらさないのなら無駄だって。そして、腹をくって、それまでの生活習慣を変えなければならないって」

麻衣子はマーカーのキャップをはずし、家賃、駐車場代、塾代、こづかいなどに色をつけていく。

「私の考えを聞いてくれる？」

第1の表（昨年の収支実績）

				メモ
収入（手取り）	給与	航平分	4200000	航平手取り月給35万円
	パート代・臨時収入	麻衣子分	480000	月4万円
	ボーナス	航平ボーナス分	1200000	ボーナス夏42万、冬78万
	計		5880000	
管理不能支出	住居費	家賃・管理費	1440000	家賃12万円
		計	1440000	
	生活費	電気ガス水道費	267252	
		新聞代	58800	
		その他（NHK受信料）	23400	
		計	349452	
	通信費	インターネット（固定電話込み）	73500	
		携帯電話他	118800	月4950円のプラン×2
		計	192300	
	サブスクリプション代	動画・音楽配信	53540	AppleMusic、アマプラ、ネトフリ
		マンガ・本他	11760	キンドルUnlimited
		計	65300	
	教育費	授業料	0	
		給食代	52800	
		保育料（学童費）	0	
		習い事（ピアノ、バレエ、塾）	506000	ピアノとバレエの発表会代も含む
		計	558800	
	健康医療費	ジム会費	0	
		その他	0	
		計	0	
	車両関係費	駐車場代	96000	
		自動車保険料他	235100	税金34500円、保険52600円、車検148000円
		計	331100	
	保険料	生命・医療保険料	240000	航平1万円、麻衣子1万円
		損害保険料	0	
		健康保険料（介護保険含む）	0	
		その他	0	
		計	240000	
	ローン返済	住宅ローン	0	
		自動車ローン	0	
		奨学金ローン	0	
		その他	0	
		計	0	
	管理不能支出合計		3176952	

住居費をシェイプできれば！

年払いにすれば安くなる？

もっと安いプランもあるはず？

そんなに見てないし、サブスクはしぼる！

ピアノを続けるか七海と話す

車検は2年に1度だが、車は維持費が大きい……

←管理不能支出の多さにびっくり!!!

預金			0	
管理可能支出	生活費	食費	840000	月7万
		交通費	60000	月0.5万
		日用品費	60000	月0.5万
		こづかい	840000	航平6万、麻衣子1万
		衣服費	135000	月1万＋α
		その他	150000	家電・家具・デジタル機器
		計	2085000	
	交際娯楽費	娯楽費	110000	ほぼ航平のゴルフ代!
		交際費	200000	慶弔費、子どものイベント、家族の誕生日、父の日、母の日、(義)実家への手土産代など
		外食費	60000	
		旅行費他	260000	小倉へ年2回、1回につき交通費だけで129,450円(新幹線)
		計	630000	
	健康医療費	診療代(歯科検診・予防接種)	20000	
		市販薬代・サプリ他	30000	
		計	50000	
	教養費	図書代他	20000	
	車両関係費	ガソリン代他	40000	洗車代も含む
	管理可能支出合計		2825000	

預金＋支出計		0+6001952	6001952	
収支差		5880000−6001952	−121952	この年は車検があったので特に赤字が大きい

航平さんのこづかい見直したい

ゴルフ代、厳しい……

けっこうかかってるけどこれはしかたないか

年2回の帰省は多いかも……

サプリ、効果ある?

本、七海にももっと買ってあげたいな

うわー、やっぱり大赤字よね

ばっさばっさと斬りまくる！　麻衣子の家計ダイエット案

「引っ越しをすべきだと思うの」

　麻衣子はそう言った。

　今は3LDKで70平米のマンションを借りている。だが、石丸に指摘されたように、いちばん狭い部屋は、子どものおもちゃ、何年も着ていない服、読み終わった本の物置だ。

「駅前の不動産屋で、9万円の物件を見つけたの。2LDKで50平米だけど、敷金も礼金もかからないし、今より駅に近い。いらないものを処分すれば、もっと快適に暮らせると思う」

　麻衣子は間取りと写真を見せた。

「へえ。駅から近いうえに1カ月3万円も節約できるのか。いいじゃないか」

　意外にも、航平は迷わず賛成した。


「次は言いにくいけど、あなたのおこづかい。月6万円で年間72万円、それに年に4回のゴルフに10万円使っているでしょう。これは年間家計費の約14％以上も占めている。おこづかいは月5万円にして、七海の大学入学まで、思いきってゴルフはやめてほしいの。

それと、車も手放そうよ。月に1、2回しか乗らないんだから。遠出をするときはレンタカーやカーシェアを使おう」

航平はうなずいた。

「それから七海の教育費だけど……。塾はがんばっているし、バレエも楽しそうに通っている。問題はピアノね。自分から進んで練習することもないし……」

「七海の気持ちを聞いてみようか」

「それから私だけど……。帰省は年2回を1回にする。食品の買い置きは極力減らす。あまり観なかった動画のサブスクは解約する。子ども服はできるだけフリマサイトを利用する。でも、新聞を読むのは好きだし、本は買って読みたい」

次々と家計ダイエット案を切り込んでいく麻衣子を前に、航平は目を丸くした。

「あなたが大切にしたいことは？　石丸さんが、家族みんなのやりたいことがかなう、家族の価値観が反映された予算案じゃなきゃダメだって言ってた」

「オレのやりたいことの優先順位かあ。時々3人で外食できたらいいなあ。近場のファミレスじゃなくて、おいしいお店に食べに行きたい。それから年に1回でも国内旅行に行けたら、満足度は高い」

航平の独身時代の趣味が、食べ歩きだったのを思い出した。航平ももしかしたら、本当にやりたいことをガマンしていたのかもしれない。

「オッケー！　それなら、外食費をちゃんと予算に組み込んでみる。旅行は私も優先順位の上位だから、うれしい」

「それからもうひとつ。毎月2万円、夏冬のボーナス時はプラス38万円ずつ自動で定期預金を積み立てたい。1年後には100万円も貯まるのよ。無理な数字じゃないし、数年後に海外旅行だってできる。すてきでしょ」

麻衣子は笑みを浮かべた。

航平は言った。

「麻衣子って、こんなに頼もしかったんだな」

生涯収支で人生を俯瞰し、マンション購入の無謀さに気づく

第1の表によって改革されたまったく新しい佐伯家の予算を第2、第3の収支表に落とし込んでいく。削っただけでなく、旅行代や本代など価値を感じる予算はしっかり確保した。

どうやっても赤字だった佐伯家の家計は、黒字に生まれ変わった。しかもそのうえで年間100万円の預金が可能になったのだ。

最後に、ふたりは第4の生涯収支に取りかかった。

航平は、先輩などから聞いた会社のモデル賃金から予測して表を埋めていった。現在は年収700万円だが、定年までには900万円くらいに昇給する予定だ。その後は収入は下がるが、定年後も65歳までは再雇用で働くつもりだ。退職金も加えて、手取り額を計算して書き込んでいく。今後の航平の生涯収入は、約1億6000万円となった。

七海が小学校を卒業したら、麻衣子もフルタイムで仕事をし、60歳まで続けていくと仮定すると、さらに約5200万円がプラスされた。

佐伯家の今後の労働による手取り収入の合計は、約2億1200万円となった。もちろ

ん、航平も麻衣子も大病せずに働き続けることが条件だ。65歳からの収入については、年金ネットを利用して概算を出してみた。

今、マンションを買ったらどうなるだろう。

航平が検討していたマンションは約6000万円。仮に麻衣子の両親に1000万の頭金を出してもらい、30年返済、固定金利（1・5％）で試算すると、毎月の返済額は約17万円、総返済額は約6200万円だ。

航平は驚いて言った。

「うへぇ。麻衣子のご両親にお金を借りたとしても、マンションを買ったらこれから働いて得る収入の35％近くが住居費かあ。早まらなくてよかったよ」

麻衣子はこんな案を提案した。

「七海が大学を卒業してから定年までが第3ステージ、つまり貯めどきらしいの。ここでうまく貯められたら50代でふたり暮らし用の中古マンションを買うことは、現実的に可能だと思う」

この先10年の中期プランについても、ふたりで話し合った。

麻衣子も航平も、これを考えるときは盛り上がった。

「七海の高校入学のお祝いに海外旅行というのはいいな。どこにしようか。先に楽しみがあると、ゴルフも車もきっぱりやめられそうだよ」

「車はいつか買い直そうよ。七海がひとり立ちしたら時間もできる。休みの日にはふたりでいっしょにドライブに行きたい」

「そうだな。そうしよう」

佐伯家の改善案

			前年	改善案	効果
収入（手取り）	給与	航平分	4200000	4200000	
	パート代・臨時収入	麻衣子分	480000	480000	
	ボーナス	航平ボーナス分	1200000	1200000	
	計		5880000	5880000	
管理不能支出	住居費	家賃・管理費	1440000	1080000	−360000
		計	1440000	1080000	−360000
	生活費	電気ガス水道費	267252	267252	0
		新聞代	58800	58800	0
		その他（NHK受信料）	23400	21765	−1635
		計	349452	347817	−1635
	通信費	インターネット（固定電話込み）	73500	73500	0
		携帯電話他	118800	49632	−69168
		計	192300	123132	−69168
	サブスクリプション代	動画・音楽配信	53540	5900	−47640
		マンガ・本他	11760	0	−11760
		計	65300	5900	−59400
	教育費	授業料	0	0	0
		給食代	52800	52800	0
		保育料（学童費）	0	0	0
		習い事（バレエ、塾）	506000	380000	−126000
		計	558800	432800	−126000
	健康医療費	ジム会費	0	0	0
		その他	0	0	0
		計	0	0	0
	車両関係費	駐車場代	96000	0	−96000
		自動車保険料他	235100	0	−235100
		計	331100	0	−331100
	保険料	生命・医療保険料	240000	150000	−90000
		損害保険料	0	0	0
		健康保険料（介護保険含む）	0	0	0
		その他	0	0	
		計	240000	150000	−90000
	ローン返済	住宅ローン	0	0	0
		自動車ローン	0	0	0
		奨学金ローン	0	0	0
		その他	0	0	0
		計	0	0	0
	管理不能支出合計		3176952	2139649	−1037303

とりあえず昇給はあてにせず計算

引っ越し！（家賃9万円に）

これは今のままでよし！

年払いに

スマホのプラン見直し（楽天モバイル20GBで試算）

よけいなサブスクはやめる

ピアノはやめることに

車は手放す！

航平はそのまま、麻衣子分を県民共済に

なんと、100万円以上も減った！！！

預金			0	1000000	
管理可能支出	生活費	食費	840000	840000	0
		交通費	60000	60000	0
		日用品費	60000	60000	0
		こづかい	840000	720000	−120000
		衣服費	135000	100000	−35000
		その他　家電·家具·デジタル機器など	150000	150000	0
		計	2085000	1930000	−155000
	交際娯楽費	娯楽費	110000	100000	−10000
		交際費	200000	190000	−10000
		外食費	60000	120000	+60000
		旅行費他	260000	250000	−10000
		計	630000	660000	+30000
	健康医療費	診療代	20000	20000	0
		市販薬代·サプリ他	30000	10000	−20000
		計	50000	30000	−20000
	教養費	図書代他	20000	80000	+60000
	車両関係費	ガソリン代他	40000	0	−40000
	管理可能支出合計		2825000	2700000	−125000

預金＋支出計	1000000＋4839649	6001952	5839649	
収支差	5880000−5839649	−121952	40351	

食費はケチらないけど、無駄なまとめ買い禁止！

こづかい見直し！（航平分を月1万円減らす）

フリマも利用

ゴルフはなしにして家族のお出かけ増やす、レンタカー代もここに

帰省のお土産代が少し削れるかな

外食費は倍に増やす！

帰省を年1度に。そのかわり家族旅行を！

サプリをやめる

本代はしっかり増やす！

管理可能支出は大きく変えていない。むしろ楽しみを増やせた！

100万円預金しても収支がプラスに！

1年後の麻衣子さんの家計管理

麻衣子は、給料日になると口座から12万5800円（現金管理の管理可能支出額）を引き出し、費目が書かれた4つの封筒に分けて入れた。石丸から教わったように、支払いの都度かならずレシートをもらい、封筒に入れるようにした。レシートのもらえない支払いはその内容をメモし、封筒に書いておく。比較的大きな支出も、封筒にメモするよう心がけた。

そして、月が変わると封筒に残った現金を数えて、予算との差額を第3の表に記入した。不測の事態でどうしても現金が足りなくなった月は、封筒に入っている領収書の合計金額を電卓で集計してその原因を調べることを条件に、予算の先食いを認めることにした。こまかい支出は一切記録していない。

これまではクレジットカードやキャッシュレス決済を自由に使っていたが、正しい家計管理が定着するまでは、管理可能支出は原則、現金で管理することにした。

現金を封筒で管理するようになってから、これまでいかに「なんとなく」「適当に」お金を使っていたかがよくわかった。そして、「なんのためにお金を使うのか」を意識しながら支払いをするようになり、満足感のある支出につながるようになったのだ。慣れてきたので、来年から生活費は予算分をチャージした電子マネーを封筒がわりにして管理しようと思っている。

食材は賞味期限内に食べきれる分だけを買うように心がけた。効果はすぐにあらわれた。それまでぎっしり食品が並べられていた冷蔵庫のスペースに余裕ができてきたのだ。麻衣子はよいものを適量買うことの効果を実感した。食費は月1万円減って、その分外食に回せるようになった。

七海はピアノ教室をやめて、表情に余裕が出てきた。塾での成績も上向いている。何よりうれしいのは、家計管理を変えてから、生活の余裕を実感できるようになったことだ。夏休みは秩父の温泉へ1泊できた。年初の予算に組み込んだから実現したのだ。

12月31日、財産目録を作った。なんと純資産が110万円も増えていた。時間の無駄を見直したことで、麻衣子の仕事が増えたのも理由だが、年のはじめに立てた予算を守って暮らせたことが大きい。予算どおりボーナスを貯金にまわせたので、預金額が大幅に増えたのだ。

支出は減っているのに、満足度が高い1年だった。

「家族にとって価値あるものに、お金を使えたんだ」

麻衣子は手元の財産目録をしみじみ眺めた。


年末年始に実家に行くのはやめて、両親を招待することにした。予算管理の結果できた余剰金を使って、招待したのだ。

元旦の夜だった。両親が下関から持参したとらふぐを使い、みんなでテレビを見ながらふぐちりを食べていたときだった。麻衣子が突然大声を上げた。

「航平さん！　あの人よ。あの人が出てる！」

それは、1年前のぞみのグリーン車でレクチャーを受けた石丸だった。

麻衣子はテレビの音量を上げた。


「今日は経営コンサルタントの石丸啓次郎さんに、家計簿についてのお話を伺います」

司会者はそう言って番組を始めた。すると、石丸は気のりしない様子で言った。

「ボクは家計の専門家ではないんだけどね」

「いやいやご謙遜を」

司会者は、石丸の機嫌をそこねまいと必死に持ち上げた。

「うちの妻が考えたやり方を、もっともらしくしゃべっているだけですから」

「でも、石丸先生のセミナーでは、家計管理のことをわかりやすく話してくれるという評判ですよ」

「ああ、それはね」

石丸の表情は急に明るくなった。

「いつだったか、博多であった経済会議のために、新幹線を使ったことがあってね。そこである女性ととなり合わせになった。彼女は家計のことで悩んでいて、相談に乗ることにしたんです。私はその女性に、家計のあるべき姿をレクチャーしたわけです。入るを量りて出ずるを為す、とね。そして別れ際に、ボクの大切なノートを貸したんです。家計が改善したら返してくれと言ってね。そうしたら、しばらくするとノートが返ってきた。ボクはうれしくなってね。それで、新幹線で話したことをセミナーでも話すことにしたんだ」

「へえ。本当ですか?」

司会者は言った。

「本当さ。その証拠に、彼女からの手紙がここにある」

と言うと、石丸は上着の内ポケットから麻衣子からの手紙を取り出し、声に出して読み始めた。

前略。その節は大変お世話になりました。

あのあと、実家の両親と下関の味を楽しみました。そして、石丸さんの言葉が身にしみました。私は、目先のことばかりに振り回されていたことに気づきました。

自宅に戻り、夫に私の思いを伝えました。反対されるだろうと思いましたが、うれしいことに、彼は真剣に私の意見に耳を傾けてくれました。

そして私たちは、生活を一から見直すことにしました。

家賃の安いマンションに住まいを移し、車も手放しました。夫にはこづかいの減額を納得してもらいました。娘があまり乗り気ではなかったピアノ教室はやめました。

食品を賞味期限内に食べられるだけ買うようにしてから、冷蔵庫はいつもガラガラです。でも、不便だと思ったことは一度もありません。

我が家の支出は、想像以上にダイエットできました。

以前のようにお金のやりくりで悩むことはなくなり、毎月しっかり預金ができるようになりました。やりたいことにお金を使えるようになり、日々の満足度が格段に上がったことが何よりうれしいです。

家を買うのは、娘が大学を卒業するまで待とうと思っています。そのころには頭金はなんとかなるでしょうし、娘の自立を考えれば、小さな家でじゅうぶんですから。生涯収支を考えて、このタイミングがいちばんいいだろうと、夫と決めました。

最後に、私たちは石丸さんのノートに書かれていたこの言葉に勇気づけられたことを、お伝えします。


「未来は明日つくるものではない。今日つくるものである」＊

突然のお手紙をお許しください。かしこ

航平は言った。

「あの日の車内授業の話を石丸さんはセミナーで教えてるんだね。結果的に、麻衣子がたくさんの人の家計を救ったようなものだよ」

「こうやってみんなで、なんの不安も心配ごともなく、ふぐちりを食べられるのは、この先生のおかげかもな」

父はこぼれんばかりの笑みを浮かべた。

「うんうん。よかったねえ」

母の目が光った。

「ママ、石丸さんってだれ？　今のテレビの人？」

七海が言った。

「石丸さんは私たち家族の恩人よ。未来に向かって変わるきっかけをくれたの」

麻衣子は微笑んでそう言った。

＊『創造する経営者』（P・F・ドラッカー著　上田惇生訳　ダイヤモンド社）

おわりに

家計管理の本をはじめて執筆したのは２０１１年ごろでした。

妻が実践している家計管理と、私の専門である管理会計の理論を組み合わせることで、納得できる家計の本が書けるのではないかと考えたのです。

それから15年近くの月日が過ぎ、世の中は大きく変わりました。度重なる災害、昨今の物価高や円安によって、家計を担う人の苦労はラクになるどころか増大しているのではないでしょうか。

今まさにやりくりに苦労している30～40代の読者に向けて、エールを送るような気持ちで作り上げたのが本書となります。

最近、収入が少なかった若いころのことを、よく思い出します。

子ども4人が進学すると途端に出費が増え、毎日のやりくりに四苦八苦しました。

自営業ゆえの不安定さを抱え、このまま東京に住み続けようか、あるいは故郷の愛知県にもどって親元で暮らそうかと、悩んだこともありました。しかし、「正しい家計管理」の実践によって、なんとか苦しい時期を切り抜け、余裕がないなかでも毎年旅行に出かけたり、趣味を満喫したりして、満足度の高い生活を送ってきました。

老子の言葉である「足るを知る者は富む」、つまり「満足を知る者は豊かである」の意味が少しずつわかってきたのも、資金繰りのプレッシャーをはねのけながら、日々の暮らしを営んできたからにほかなりません。

本書でコンサルタントの石丸が何度も口にしたように、家計管理は、単なる入出金管理ではなく、家族が幸せな人生を送るためになされなければなりません。

幸せな人生は、どこに住もうとも、どのような仕事に就こうとも、どれだけの収入であろうとも、かならずつかみ取ることができます。そのために必要なのは、

自分と家族の価値観を支出予算に反映させ、予算内で暮らすこと。

ただこれだけです。

生活が苦しいときも、自分の夢ややりたいことをあきらめないで、知恵をしぼって幸せな暮らしを追求してください。「正しい家計管理」がかならず味方になってくれるはずです。

本書が、みなさんの幸せな人生の一助になることを望んでやみません。

林 總

林 總 Atsumu Hayashi

公認会計士、税理士、LEC会計大学院客員教授、元明治大学会計職大学院特任教授(いずれも管理会計)。監査法人勤務を経て独立。現在は、企業の経営相談、講演、執筆活動を行っている。『新版 正しい家計管理』『正しい家計管理 長期プラン編』(すみれ書房)、『餃子屋と高級フレンチでは、どちらが儲かるか?』(ダイヤモンド社)、『ドラッカーと会計の話をしよう』(中経出版) ほかベストセラー本を多数執筆。家計も会社経営も目的は同じで、「お金」はそれに振り回されるのではなく、「満足度の高い人生」を送るために上手に使うべきだと説く。目からうろこのアドバイスが好評。

巻末付録

石丸先生の表

本書に登場した家計管理用の表を掲載しています。

拡大コピーして使ってください。

すみれ書房のホームページに
ダウンロード用のデータも用意しています。

https://sumire-shobo.com/dl-9784909957542/

第1の表　昨年の収支実績

年

			実績	改善案
収入（手取り）	給与			
	パート代・臨時収入			
	ボーナス			
	計			
管理不能支出	住居費	家賃・管理費		
		固定資産税		
		計		
	生活費	電気ガス水道費		
		新聞代		
		その他		
		計		
	通信費	固定電話		
		テレビ・インターネット		
		携帯電話他		
		計		
	サブスクリプション代	動画・音楽配信		
		マンガ・本他		
		計		
	教育費	授業料		
		給食代		
		保育料（学童費）		
		塾代他		
		計		
	健康医療費	ジム会費		
		その他		
		計		
	車両関係費	駐車場代		
		自動車保険料他		
		計		
	保険料	生命・医療保険料		
		損害保険料		
		健康保険料（介護保険含む）		
		その他		
		計		
	ローン返済	住宅ローン		
		自動車ローン		
		奨学金ローン他		
		計		
	管理不能支出合計			
預金				
管理可能支出	生活費	食費		
		交通費		
		日用品費		
		こづかい		
		衣服費		
		その他		
		計		
	交際娯楽費	娯楽費		
		交際費		
		外食費		
		旅行費他		
		計		
	健康医療費	診療代		
		市販薬代他		
		計		
	教養費	図書代他		
	車両関係費	ガソリン代他		
	管理可能支出合計			
預金＋支出計				
収支差				

第2の表　1年間の予算と実績

年

			予算	実績
収入（手取り）	給与			
	パート代・臨時収入			
	ボーナス			
	計			
管理不能支出	住居費	家賃・管理費		
		固定資産税		
		計		
	生活費	電気ガス水道費		
		新聞代		
		その他		
		計		
	通信費	固定電話		
		テレビ・インターネット		
		携帯電話他		
		計		
	サブスクリプション代	動画・音楽配信		
		マンガ・本他		
		計		
	教育費	授業料		
		給食代		
		保育料（学童費）		
		塾代他		
		計		
	健康医療費	ジム会費		
		その他		
		計		
	車両関係費	駐車場代		
		自動車保険料他		
		計		
	保険料	生命・医療保険料		
		損害保険料		
		健康保険料（介護保険含む）		
		その他		
		計		
	ローン返済	住宅ローン		
		自動車ローン		
		奨学金ローン他		
		計		
	管理不能支出合計			
預金				
管理可能支出	生活費	食費		
		交通費		
		日用品費		
		こづかい		
		衣服費		
		その他		
		計		
	交際娯楽費	娯楽費		
		交際費		
		外食費		
		旅行費他		
		計		
	健康医療費	診療代		
		市販薬代他		
		計		
	教養費	図書代他		
	車両関係費	ガソリン代他		
	管理可能支出合計			

預金＋支出計				
収支差				

第3の表　1カ月の予算と実績

月

		予算	実績	差額
収入	給与①			
	給与②			
	変動収入(　　　)			
	計			
預金 ＋ 管理不能支出	強制預金			
	管理不能支出計			
	計			
支払い可能額[収入－(預金＋管理不能支出)]				
管理可能支出 (5つ以内)	費			
	費			
	費			
	費			
	費			
	特別支出(月割)			
	管理可能支出計			
支出計				
収支差				

第4の表　生涯収支

■老後（第4ステージ）の予測

（単位：万円）

		年	年	年	年	年	年	年	年	年	年	年	年	年	年	年	年	年	年	年	年
	自分の年																				
	パートナーの年																				
収入	年金他																				
預金																					
支出	生活費																				
	費																				
	費																				
	その他																				
	税金・保険料																				
	支出計																				
	収支差																				
	預金残高																				

■現在～第3ステージまでの予測

		10年予測（中期）																			
		年	年	年	年	年	年	年	年	年	年	年	年	年	年	年	年	年	年	年	年
	自分の年																				
	パートナーの年																				
収入	給料他																				
強制預金																					
支出	生活費																				
	住居費																				
	教育費																				
	費																				
	費																				
	税金・保険料																				
イベント支出	子ども1																				
	子ども2																				
支出計																					
収支差																					
預金																					
住宅ローン残高																					

＊上記は縮小版です。すみれ書房のホームページhttps://sumire-shobo.com/dl-9784909957542/にて、60年分書き込める完成版を掲載しています。

1年間の特別支出予測表

	支出内容	金額		支出内容	金額
1月			7月		
2月			8月		
3月			9月		
4月			10月		
5月			11月		
6月			12月		

1年分の合計金額	円
1カ月のプール金額	円

もっとくわしく知りたい方へ

黒字システムを作る

新版 正しい家計管理

林總 著

10万部突破書籍の新版化。経営のマクロな視点を家計に落とし込んだ、節約や貯金を目的としない管理法。従来の家計管理、市販の家計簿に挫折したすべての人へ。

本書の第8講で紹介した管理法がよりくわしく説明されています。巻末の体験記も必読!

90歳までの収支を、一度見通すだけ。

正しい家計管理 長期プラン編

林總 著

自分の価値観を深く見つめ、生涯収支を完成させる。ただそれだけで、将来の不安が消え、日々の家計が変わる。

本書の「第4の表」の精度を高めた「長期プラン表」を完成させる本です。

イラストレーション:西淑　装丁:櫻井事務所

［本書で使った用紙］
本文 ——ソリストミルキー
カバー ——ミニッツ GA プラチナホワイト
帯 ———アラベール FS スノーホワイト
表紙 ——ビオトープ GA-FS ストーングレー
別丁扉 ——ポルカレイド メレンゲ
見返し ——ポルカ ソーダ

麻《ま》衣《い》子《こ》さんと学《まな》ぶ 正《ただ》しい家《か》計《けい》管《かん》理《り》

2025年5月5日　第１版第１刷発行
2025年6月2日　　　　第２刷発行

著者　林總《はやしあつむ》

発行者　樋口裕二

発行所　すみれ書房株式会社
〒151-0071 東京都渋谷区本町6-9-15
https://sumire-shobo.com/
info@sumire-shobo.com〔お問い合わせ〕

印刷・製本　中央精版印刷株式会社

ISBN978-4-909957-54-2 Printed in Japan
NDC590 223p 19cm